falter 34

Mario Betti

Lebenskunst als Lebenskraft

Vom schöpferischen Umgang
mit der Freiheit

Verlag Freies Geistesleben

2. Auflage 2008

Verlag Freies Geistesleben
Landhausstraße 82, 70190 Stuttgart
Internet: www.geistesleben.com

ISBN 978-3-7725-1434-0

Gestaltung: Thomas Neuerer
Umschlagfoto und Fotos im Innenteil: Wolfgang Schmidt, Ammerbuch
Druck und Bindung: Freiburger Graphische Betriebe

Inhalt

Für Ulrike

Lebe ich – oder werde ich gelebt?

«Das Leben beginnt heute.» So lautet der Titel eines eindringlichen Werkes von Jacques Lusseyran.[1] Gleichsam als eine Hymne an das Leben konzipiert, erzählt der ehemalige KZ-Häftling[2] und spätere Professor für Sprachwissenschaft und französische Literatur Bewegtes und Bewegendes aus einem reichen Leben, geprägt durch eine Erblindung während seiner Kindheit. Das Buch schließt mit folgenden Worten: «Jeden Morgen – jede Minute – wach werden und sehen, wie das Leben beginnt – welch ein Glück.»[3]

Ist es wirklich so, dass das Leben jeden Tag neu beginnt? Wie sieht es heute konkret aus? Der Wecker klingelt, ich stehe auf und frühstücke. Der Kaffee schmeckt zwar gut, aber für eine zweite Tasse reicht die Zeit manchmal nicht aus – dafür sorgt die Unerbittlichkeit der Uhr und der anerzogene (irgendwann aufgezwungene?) Sinn für Pünktlichkeit. Danach steige ich ins Auto und fahre zur Arbeit – vorausgesetzt ich habe eine. Denn ich könnte auch arbeitslos sein, und wie würde der Tag dann beginnen? Aber langsam – wir wollen uns diese Frage für später aufsparen. Ich komme also zur Arbeit und schaue gleich in meinen Terminkalender. Da sehe ich, mehr oder weniger säuberlich aufgezeichnet, was so alles an diesem schönen, klaren, sonnigen Tag auf mich zusätzlich zukommt: Gespräche, Konferenzen, eventuelle Arztbesuche, Einkäufe etc. Ein Kaleidoskop von an sich wichtigen und notwendigen Unternehmungen. Natürlich führt man auch ein gutes Privatleben im Familien- und Freundeskreis und verlebt dort schöne und anregende Stunden. Irgendwann – meist abends – möchte auch der Fernseher beachtet werden – man will ja nichts Wichtiges verpassen: Alles richtig! Aber danach, vielleicht in schlaflosen Augenblicken, fragt man sich: Lebe ich – oder werde ich gelebt?

Dass das Leben uns vor viele Notwendigkeiten und auch schwierige Situationen stellt, die es zu bejahen und zu meistern gilt, ist eine Tatsache. Eine weitere ist jedoch auch, dass sich mir genau diese Frage, mehr oder weniger bewusst, immer wieder neu stellt. Sie kann sich auch durch ein Gefühl von Frust und Unbehagen melden: Der Wege gibt es viele.

Wann merke ich, dass Zeit, wenn ich einfach *so* weiterlebe, zu einer Lunte wird? Dass vielleicht am Ende eine Depression oder noch Unerfreulicheres auf mich wartet? Und, wenn ich es merke, *wo* liegen die Ursachen für diese schleichende Leere, die immer wieder eine leichte Panik in den tieferen Schichten der Seele auslöst? Da hilft es auf Dauer nicht, dass ich vielleicht meinen Alkoholkonsum steigere, unter Umständen zu weiteren Rauschmitteln greife oder mein Sexualleben intensiviere.

Die Frage ist eben: Handle ich – oder werde ich behandelt; reagiere ich immer nur – oder agiere ich; halte ich das Ruder fest in Händen, auch wenn ich mich in einem Strudel von Verpflichtungen befinde?

Was meint eigentlich Lusseyran, wenn er sagt, dass das Leben *heute* beginnt? Vielleicht meint er, dass jeder Tag so beginnen sollte, als sei er der allerletzte. Also: *carpe diem*, lass den Tag nicht ungenützt vorübergehen, wie es der weise Horaz der Nachwelt hinterlassen hat. Vielleicht schwingen hier noch Lusseyrans unsagbare Erfahrungen aus Buchenwald mit. Oder er meint, dass wir uns einen neuen, reifen, kindlich-offenen Blick aneignen können und sollten, um damit jedem neuen Tag zu begegnen, wie hart er auch werden mag. So wie ein Kind eben ganz dem Augenblick hingegeben lebt.

Was sagt in diesem Zusammenhang das Evangelium? «Wahrlich, ich sage euch: wenn ihr nicht umkehrt und werdet wie die Kinder, so werdet ihr nicht ins Himmelreich kommen.»[4] Warum sollte das nicht auch für das wirkliche Erleben des Erdenreiches gelten? Diese Frage wird an einer späteren Stelle des Buches erneut

Thema sein. Jacques Lusseyran hat aus seiner Zeit, aus seinen gesamten biografischen Voraussetzungen heraus, eine bestimmte Antwort gegeben. Aber jeder Mensch sollte hier seine ureigenste Antwort finden. Ich gestehe gern, dass ich im Lauf meines Lebens auch auf die Spur dieses Geheimnisses gestoßen bin: Das Leben beginnt tatsächlich heute.

Die folgenden Seiten und Kapitel des Buches sind so geschrieben und angelegt, dass jeder Leser, wo er auch gerade im Leben stehen mag – ob in einer Talsohle oder auf dem Gipfel eines Berges – hier etwas finden kann, was ihm zu einer Anregung wird, das Leben einmal anders zu betrachten. Ich möchte, dass er in einen Dialog einsteigen möge, in dessen Verlauf nicht nur meine Erfahrungen zur Sprache kommen, sondern auch das Wertvolle, was mir im Gang der Zeit viele Menschen an Erlebnissen, Sorgen, Hoffnungen, Leiden und Freuden anvertraut haben. Hieraus kann die Möglichkeit entstehen, dass man mit einem neuen Blick auf die eigene Lebenssituation schaut, um schließlich festzustellen, dass das Leben wirklich jeden Tag neu beginnen kann.

Im Grunde genommen handelt es sich um das Erlernen einer neuen, vollmenschlichen Kunst, einer teilweise missverstandenen, teilweise unbekannten oder auch unterschätzten Kunst: der Lebenskunst. Sie hat sehr viel mit jener Umkehrung zu tun, die uns zu einem neuen, vertieften und bewussten *Kindsein* verhelfen möchte, als Grundvoraussetzung, das Leben heute beginnen zu lassen. Dann wird Lebenskunst zur Lebenskraft.

Ich möchte noch betonen, dass die folgenden Seiten, obwohl sie den Anspruch erheben, einen gedankenklaren Duktus zu haben, keine wissenschaftliche Abhandlung mit Begründungen und Hypothesen sind, wie sie in einem solchen Fall notwendig wären. Es handelt sich eher um Aspekte der Lebenspraxis aus einer christlich-spirituellen Sicht. Denn das Leben selbst ist keine naturwissenschaftliche Veranstaltung, sondern vielmehr eine Art Drama, in dessen Vollzug wir alle Akteure und Dichter zugleich sind.

Was heißt das, Lebenskunst?

Drei Kurzgeschichten, die das Leben schrieb

An einem Samstag Vormittag, in einem Supermarkt, Schlange stehend an der Kasse. Eine etwas gelangweilt-unfreundlich dreinblickende junge Frau fertigt zick-zack die Kunden kurzerhand ab. An der Reihe ist jetzt ein Herr in mittleren Jahren. Beim Bezahlen sagt er unvermittelt: «Was für wunderschöne Ringe Sie an den Händen haben!» Ich schaue genauer von hinten hin und sehe, dass tatsächlich jeder Finger von einem Silberring geschmückt ist. Die zunächst verdutzte Dame schaut erst ihre Hände an, ihr Blick richtet sich dann auf den vor ihr stehenden Mann, und sie strahlt plötzlich übers ganze Gesicht. Der Kunde dankt für das Restgeld, wünscht noch einen schönen Tag und geht mit seiner Einkaufstüte auf den Ausgang zu. Nach einigen Minuten bin ich mit dem Bezahlen dran und stelle einfach fest, dass sich die Stimmung an der Kasse wesentlich erhellt hat. Nun stellt sich die Frage: Was hat dazu geführt? War es Empathie, Geistesgegenwart oder Lebenskunst?

Eine zweite Geschichte. Einer jungen Frau widerfuhr einmal das Schicksal, dass ihr Mann sie wegen einer anderen Frau verließ – auch andersherum keine Seltenheit heute, gleichgültig ob man Kinder hat oder nicht. Zwischen Wut, Hoffnung und Selbstmitleid hin- und hergerissen, wurde sie mit der Situation kaum fertig. Eines Tages schien wirklich auch der Himmel, nicht nur die Decke, auf sie einzustürzen; ihre Seele hatte den tiefsten Grund der Verlassenheit erreicht. Sie sollte entscheiden, ob sie einer Scheidung einwilligt. Plötzlich machte sich ein Impuls in ihr bemerkbar. Wie eine eigene leise Stimme, die scheinbar aus dem inneren Nichts kam: «Trag es mit Würde; wenn er gehen will, lass ihn. Liebe bedeutet nicht Besitz. Sie ist ein Geschenk und nicht ein Anspruch.» Auf einmal wurde ihr Herz frei von Tränen und sie kannte ihren Weg. Alles andere, Soziales und Wirtschaftliches, würde sich klären. War das Weisheit oder Liebe oder auch Lebenskunst?

Und noch ein letztes Beispiel, das mir vor kurzem erzählt wurde:

In der S-Bahn möchte sich eine ältere Frau ans Fenster setzen und bittet freundlich den jungen Mann, seine Füße gerade vom Platz vor ihr zu entfernen. «Sei bloß still, du Drecksau!», zischt er ihr entgegen. Aber die Füße stellt er auf den Boden. Die Frau setzt sich hin und schaut abwechselnd aus dem Fenster und auf den jungen Mann, der etwas verwildert aussieht. Dann fragt sie: «Viel Ärger heute gehabt, nicht wahr?» Der junge Mann hebt überrascht seinen Blick und versetzt: «Ja, verdammt noch mal, ich habe meine Arbeit verloren!» Nun entspinnt sich zwischen den ungleichen Fahrgästen ein Gespräch, das am Ende dem Mann ganz neue Impulse gibt. Die Frau selbst hatte in ihrer Jugend zu jener beherzten und tapferen Schar gehört, die man im Volksmund «Trümmerfrauen» nennt. Hat hier jetzt ihre Lebenserfahrung mitgespielt oder doch Lebenskunst. Oder beides?

Was ist also Lebenskunst und was unterscheidet sie von Weisheit, Empathie, Erfahrung oder von anderen positiven Eigenschaften unserer ansonsten recht widersprüchlichen Natur? Und – was ist hier mit «Kunst» gemeint?

Die eben geschilderten Begebenheiten sind alle positiv ausgegangen, aber es hätte auch schiefgehen können. Es ist wie bei der Anfertigung eines Kunstwerkes, wo ein echter Künstler im Augenblick des Schaffens nicht weiß, ob sein Werk auch gelingen wird. Bei der Frage, was hier mit Kunst gemeint ist, denken wir nicht in erster Linie an eine bestimmte Kunsttheorie oder Definition des Schönen. Es geht um das praktische

Zustandekommen von Kunst überhaupt. Die Kunst als solche ist ja so alt wie die Menschheit ab einem bestimmten Punkt ihrer Evolution. Unser Blick umfasst hier mehrere Jahrtausende der Weltgeschichte, und die Archäologie ist immer gut für neue Überraschungen. Außerdem wissen wir, dass Kunst ein Gradmesser zivilisatorischer Entwicklung ist, und zwar auf jedem Kontinent der Erde. Ob wir uralte Bilder oder Kleinplastiken aus der Eiszeit anschauen oder die monumentalen Werke ägyptischer Kunst und dann die Entwicklung europäischer Kunst überblicken – durchweg haben wir es mit einer ästhetischen Bearbeitung und Formung von unterschiedlichen Materialien zu tun: Stein, Holz, Farben, Sprache etc. Der Musiker bearbeitet die Welt der Töne, der Tänzer bewegt seinen Körper usw. Wenn man vor diesem Hintergrund das Wort «Lebenskunst» ausspricht, muss man auch zugleich erklären, was damit gemeint ist. Was ist also der Rohstoff, das Grundmaterial unseres Alltagslebens? Man könnte sogar die Formulierung übernehmen, mit der Ludwig Wittgenstein die Welt definiert: «Die Welt ist alles, was der Fall ist.» Und: «Die Welt ist die Gesamtheit der Tatsachen.»[5] So ist auch das Leben zunächst alles, was der Fall ist: Fälliges, Zufälliges, Hinfälliges, Abfälliges etc. Das alles kann man den Rohstoff des Lebens nennen, denn hierin sind alle möglichen Situationen enthalten, die einem begegnen können: im Haus, auf der Straße, am Arbeitsplatz, in einer Klinik, in der Natur ...

Lebenskunst kann in unserem Sinne nur bedeuten, *alle* Begebenheiten und Zwischenfälle wie etwas aufzufassen, das von mir aufgegriffen und *gestaltet* werden will; und zwar von keinem anderen als von mir – hier und jetzt.

Damit ist jede Situation als ergebnisoffen zu betrachten, denn ich bin es ja, der gestaltend eingreifen soll. Das Endergebnis soll zunächst weniger ein ästhetisches oder möglicherweise ein politisch-wirksames, sondern es soll ein *soziales* im tiefsten Sinne des Wortes sein. Der Mensch als soziales Lebewesen, wie es Aristoteles schon vor über zwei Jahrtausenden postuliert hat, kann ja nur in Gemeinschaften leben, die er als Einzelwesen mitgestaltet und von denen er selbst wiederum gestaltet wird.

Dennoch hängt es letzten Endes weitgehend vom Einzelnen ab, wie er in das Räderwerk der Gesellschaft eingreift. Gemeint ist hiermit nicht der bekannte Gegensatz, ob er Sand oder Öl sein will; vielmehr handelt es sich um einen sozialen Gestaltungsprozess prinzipieller und besonderer Art zugleich, in den jeder einsteigen kann, der es wirklich will. Es geht auch darum, wie beispielsweise vorhin im Supermarkt oder in der S-Bahn, Begebenheiten und Ereignisse gewissermaßen aufzuhellen, sodass, bildlich gesprochen, immer mehr

Sonne in die zwischenmenschlichen Beziehungen eindringen kann.

Selbstverständlich spielt hier die bisherige Lebenserfahrung eine zentrale Rolle. Gewiss auch Klugheit und manches andere auch. Und doch gibt es gewisse Wege, an welcher Ziffer unserer Lebensuhr wir als Erwachsene uns auch befinden mögen, mehr und mehr von jener Lebenskunst zu lernen, den jeweiligen konkreten «Fall» selbst in den Griff zu bekommen – mag der Zugriff auch noch so schmerzlich sein. Es geht hierbei primär um eine ganz bestimmte Grundeinstellung dem Leben und seinen Gesetzen gegenüber. Aber auch in diesem Zusammenhang, wie im Kunstschaffen allgemein, gibt es selbstverständlich Unterschiede in der Breite und Tiefe der Begabung, und doch kann jeder, der es wirklich will, mehr und mehr zum Lebenskünstler werden. Sozusagen bis zum letzten Atemzug – in der souveränen inneren Bewältigung des eigenen Sterbens – kann das Erüben dieser Kunst fortschreiten. Einen solchen Fall durfte ich aus unmittelbarer Nähe erleben.

Wir können wirklich einen neuen Freiraum in unserer Seele schaffen, in dem der Lebenskünstler in uns sich entwickeln kann, und er betrachtet das tägliche Leben mit seinen Überraschungen dann nicht als Lawine, die sich auf ihn unaufhaltsam zuwälzt, sondern als Werkstatt, als Atelier.

Die wohl schwierigste und theoretisch kaum beantwortbare Frage ist wahrscheinlich diese: Wie kommt man zu richtigen Handlungsimpulsen, zu lebenskünstlerischen Intuitionen? Man beachte die anfangs geschilderten Begebenheiten. Die handelnden Personen hatten einen guten Überblick über die jeweilige Situation. Dies ist eine goldene Regel, die man immer anwenden sollte.

Die nächste betrifft unsere Fähigkeit zur Empathie. In allen drei Fällen wurde gewissermaßen selbstlos gehandelt. Die Lage des anderen Menschen war in diesen Augenblicken Mittelpunkt der eigenen Bemühungen gewesen und es wurde nicht im Sinne egoistischer Triebe gehandelt. Dies ist, nach meiner ganzen Erfahrung, der springende Punkt bei der Frage nach der passenden Handlungsintuition. Es ist dann wirklich wie bei der künstlerischen Inspiration: Wo kommt sie wirklich her? Wer gibt sie mir? Sie kann plötzlich da sein – vorausgesetzt, wir haben richtige «Vorarbeit» geleistet wie die drei genannten Persönlichkeiten. Es ist schon eine Art Wunder – wie jedes echte Kunstwerk immer ein Wunder ist. Und so hat man hier kleinere oder größere Wunder des Alltags! Will man also das Richtige, das Gute bewirken, so kann es geschehen, wie Shelley es einmal formuliert hat, dass sich aus der völligen Ohnmacht das Erstrebte ereignet. Bei einem im Entstehen begriffenen

Kunstwerk weiß man ja auch nicht im Voraus, ob es überhaupt gelingen wird. Man geht da auch sozusagen durch Leerräume, bevor sich das Eigentliche ereignet. Und oft erlebt man eine seelische Ohnmacht. Es ist immer *unberechenbar*. Und sollte es sich herausstellen, dass die Tat nicht richtig war, so gilt es, sie so weit wie möglich wiedergutzumachen und für die Zukunft zu lernen. Denn dazu sind unsere Fehler da. Selbst hier können wir immer neu beginnen. Selbstquälerisch-Selbstgefälliges hilft auf keinen Fall weiter.

Die Suche nach der richtigen Intuition soll natürlich keine Überspannung der Grundstimmung dem Leben gegenüber bedeuten. Es geht um ein progressives Umdenken, denn es ist zunächst eine Frage der Gesinnung.

Auf den folgenden Seiten sollen einige weitere Anregungen in dieser Richtung gegeben werden – erschöpfen lässt sich dieses Thema nicht. Außerdem ist es auch eine Frage der praktischen Erfahrung: Bekanntlich soll ja erst die Übung einen Meister machen.

Im Mittelpunkt des folgenden Kapitels steht eine knappe Darstellung des Lebenslaufs, allerdings nicht im Sinne der heute hinlänglich bekannten Lebensphasen oder Rhythmen,[6] sondern in Zusammenhang mit einem dreifachen Reifungsprozess: körperlich-biologisch, seelisch und geistig. Hieraus wird ein bestimmtes Grundgesetz des Lebens sichtbar, das zwar nicht unbekannt ist, das jedoch in der praktischen Auseinandersetzung mit dem eigenen Schicksal noch nicht genügend berücksichtigt wird. Erst die Akzeptanz und die aktive Bejahung dieser Grundtatsache geben uns das Werkzeug in die Hand, das wir in der Lebenskunst brauchen.

Zwischen Schiffbruch und Aufbruch – oder: Die Stufen der Reife

Wir leben in einer sehr komplexen Gegenwart, die von großen Kämpfen und Auseinandersetzungen geprägt ist: zunehmende Globalisierung der Wirtschaft und Arbeitslosigkeit, atomare Aufrüstung, Kriegstreiberei und Umweltkatastrophen, weltweiter Terrorismus und Kampf um Menschenrechte. Die Aufzählung könnte lange fortgesetzt werden. Selbstverständlich bilden sich auch mehr und mehr positive Strömungen, dennoch werden die Spannungen noch lange andauern. Ein weiteres Merkmal der letzten Jahrzehnte ist der Zerfall und der Neuaufbau unterschiedlicher sozial-politischer Systeme. Man denke zuerst an die ehemalige Sowjetunion oder an die Wende in Deutschland in den späten 80er Jahren, an Südafrika und das ehemalige Jugoslawien, aber auch im kleineren Maßstab können ähnliche Ereignisse weltweit beobachtet werden.

Man verwendet dann Begriffspaare wie: revolutionär – reaktionär, progressiv – konservativ u. Ä. Eher könnte man von Zerfall und Neuaufbau oder vom Schiffbruch des Alten und Aufbruch des Neuen sprechen. Beides geht auf der Bühne der Weltgeschichte

Hand in Hand. Geschichte ist aber direkter Ausdruck der jeweiligen menschlichen Verfassung, und infolgedessen können wir uns fragen: Inwiefern gehören Zerfall und Neuaufbau, Schiffbruch und Aufbruch schlichtweg zur menschlichen Dimension?

Gibt es auch hier, wie überall im gesamten Kosmos, ganz bestimmte Gesetze, deren Entdeckung, Beobachtung und Anwendung uns helfen kann, nicht nur unser Lebensschiff besser zu steuern, sondern auch unsere soziale Kompetenz zu steigern – als Grundausrüstung für eine Lebenskunst?

Man kann das Leben auch mit einem wirtschaftlichen Unternehmen vergleichen. Vereinfacht ausgedrückt braucht jedes Unternehmen Kapital und Planungsstrategie – kurzfristig, mittelfristig oder langfristig – also Vermögen und Zeit. Genauso ist es mit unserem Leben: Das Vermögen sind die unterschiedlichen Begabungen – körperlich, seelisch, geistig –, und die uns zur Verfügung stehende Lebenszeit hat sehr viel mit «Planung» zu tun. Begabungen werden in Familie und Schule zur Entfaltung gebracht und jeder Erwachsene kann sie nach Bedarf und Möglichkeit weiter pflegen, während der Faktor «Zeit» eine mehrschichtige Größe darstellt, die bisher ihre gebührende Anerkennung noch nicht erfahren hat. Selbst in biografischen Darstellungen ist sie ein weitgehend unbeschriebenes Blatt.

Was den menschlichen Lebenslauf anbelangt, haben wir es genauer genommen mit einer Zeitqualität zu tun, die man auch *Reifungsdynamik* nennen kann. Die allererste Zeitgestalt ist die, welche unsere Uhrwerke uns liefern: eigentlich eine *kosmische* Zeit, denn sie wird von Sonne und Erde bestimmt. Dann gibt es die *biologische* Zeit. Sie hat mit den verschiedenen Lebensrhythmen zu tun, mit körperlicher Reife, Vitalität, Gesundheit und Lebensdauer. Während die kosmische Zeit von allgemeiner Gültigkeit ist, weist die biologische Entwicklung bereits absolut individuelle Züge auf. Jedes Kind wächst äußerst individuell auf. Manche sind früher körperlich reif als andere – jeder hat eben seine eigene Lebenskurve. Selbst wenn in manchen Familien eine diesbezüglich gute genetische Grundlage vorliegt und infolgedessen eine entsprechend vitale Konstitution, unterscheidet sich die Kurve der *psychischen Reife* von Kind zu Kind ganz erheblich. Hier ist *seelische Reife* gemeint, und zwar die Entwicklung der ganzen Persönlichkeit, die anders als in der reinen biologischen Kurve mit ihren Grenzen einer stetigen Erweiterung fähig ist. Manch einer ist also seelisch-charakterlich reifer als Gleichaltrige, und manch ein anderer bleibt zeitlebens ein Kindskopf.

Dieser Reifungsprozess hängt mit vielen Lebensfaktoren zusammen, in erster Linie jedoch mit der inneren Gediegenheit eines jeden Individuums. Diese Gediegenheit ist Ausdruck der Ich-Beschaffenheit: eine Offenbarung des eigenen, unverwechselbaren Wesenskernes. Im Ich des Menschen ist eine Instanz gegeben, die das identitätsstiftende Zentrum der gesamten Persönlichkeit ist. Es handelt sich also um eine Seelenreife, die mit der Entwicklung von Charakter zu tun hat und mit der Fähigkeit, in jeder Lebenslage Verantwortung für sich und auch für andere zu übernehmen. Das Stichwort «soziale Kompetenz» ist hier absolut aktuell.

Zur vollen psychischen Reife gehört unzertrennlich der Impuls zur Selbsterziehung dazu. Eine vornehmlich menschliche Angelegenheit – ein Affe wird nie ein besserer Affe werden wollen –, die schon in den Komplex *geistige Reife* eingreift. Geistige Reife – wieder eine andere Qualität, wieder eine andere Reifungskurve. Was macht nun geistige Reife aus, wo ist der Unterschied zum rein Seelischen?

Mit Seele wird hier nur die mich persönlich betreffende Innenwelt bezeichnet:[7] meine Erinnerungen, meine Anliegen, meine Sorgen und Hoffnungen, Freuden und Schmerzen, Sympathien und Antipathien. Das Geistige ragt darüber hinaus: Es geht nun primär um Fragen, Erkenntnisse und Entwicklungsprozesse, die zunächst den Bereich enger Subjektivität verlassen, um sie immer mehr zu erweitern, neue Horizonte eröffnend. Es handelt sich unter anderem um geschichtliches Bewusstsein, um Fragen nach dem Woher und Wohin der Welt, um Sinnfindung im tieferen Sinn des Wortes. Es ist die geistige Dimension, wovon eine Religion, die nicht nur um das eigene Seelenheil kreist, ein zentraler Ausdruck ist. Man spricht auch vom spirituellen Bewusstsein. Die Gradunterschiede der Reife sind auch hier äußerst individuell. Manch ein Jugendlicher kann zuweilen eine große geistige Reife aufweisen. Manch ein Erwachsener bleibt allzu oft im Treibsand von Phrasen und Routine stecken und kommt aus dem Materialismus nicht heraus.

Selbstverständlich greifen alle diese Zeitebenen bzw. Reifungsprozesse ständig ineinander über: Der Mensch ist eine Einheit, wenn auch recht kompliziert zusammengesetzt. Auffallend ist – je mehr wir von Stufe zu Stufe schreiten –, dass das Leben und seine Gestaltung mehr und mehr in meine freie Handhabung gelegt werden.

Wie in der biologischen Entwicklung bestimmte Triebe und Steuerungsvorgänge den gesamten Vitalbereich impulsieren, genauso ist es auch im seelischen und geistigen Bereich. Nur müssen wir selbst diese Impulse, die z.B. in Form von Sehnsüchten auftreten können, aufgreifen und, gemäß den gegebenen Möglichkeiten, in die konkrete Lebensgestaltung überführen. Das geht nicht ganz von selbst, wie beispielsweise die Veränderungen, die mit dem natürlichen Auftreten der Geschlechtsreife zu tun haben. Gerade hier, wo Impulse *eigener* seelisch-geistiger Reifung zur praktischen Aktualität drängen, kann sich schon Schiffbruchpotenzial ansammeln, wenn der Sprung ins Freie nicht gelingen will – entweder weil man daran gehindert wird oder weil man keinen Mut hat.

Wann findet eine solche Weichenstellung statt? Eine erste finden wir in der Jugend und eine zweite, nicht weniger brisante, nach der Lebensmitte – die Grenzen sind aber fließend.

Der Sprung ins Freie gilt einerseits der *Selbstfindung* und andererseits der *Weltfindung* und der gesunden Eingliederung in die Gesellschaft, obwohl beides ständig ineinandergreift: Selbstfindung als ein erster Abschluss der Seelenreife und Weltfindung als Zeichen der geistigen Reife mit ihren Möglichkeiten, verändernd in das Getriebe der Welt einzugreifen.

So sieht es im Leben meistens aus: Ein Kind wächst in die Familie hinein. Unterschiedlich früh, aber immer, macht sich ein Drang zur Selbstständigkeit geltend, der sich ebenso unterschiedlich äußert: Anderes Modeverhalten, eine andere soziale, politische und sogar moralische Einstellung macht es den Eltern und Erziehern oft unendlich schwer, damit klarzukommen. Zwar sieht es in der Regel nicht nach echter Originalität aus, sondern nach Anleihe bei verschiedenen Modetrends; dennoch ist das Wesentliche dabei ein noch unbestimmter Trieb nach Anders-Sein, ja, tiefer gesehen, nach innerer Selbstständigkeit und eigener Seelenreife bzw. Selbstfindung. Als Vater von vier Kindern und als Pädagoge ist mir viel Anschauungsmaterial gegeben worden. Freilich liegt hier ein gewaltiges Konfliktpotenzial. Schafft es der junge Mensch, seine eigene, individuelle Seelenreife zu erlangen? An den vielen Klippen geschickt vorbei zu schiffen? Wird er von uns Erwachsenen zu sehr gebremst oder daran gehindert, seinen Weg zu gehen, weil wir ihn zu sehr nach unserem eigenen Muster formen möchten? Zuerst muss er sich ja gewissermaßen vom Familiär-Ererbten trennen, von seinem ihn bisher tragenden sozialen Milieu. Ewige Diskussionen sind hier an der Tagesordnung. Wird er zu seinem Ziele, einer umfassenden Selbst-Findung, wozu ihm seine ganze Jugendzeit zur Verfügung steht, gelangen? Hier droht Schiffbruch. Ich erinnere mich an einen Fall, wo der Sohn eines Metzgers Tierarzt werden wollte. Mit altbewährter Unterdrückungsmethode gelang es dem Vater, seinen noch unmündigen Sohn jahrelang in seinem Betrieb festzuhalten – bis der Patriarch eines Tages starb. Der Sohn schloss zwar den Betrieb, aber seine Flügel waren für immer gestutzt. Ich kenne weitere ähnliche Fälle, wenn auch nicht so krass, wie der eben geschilderte.

Eine andere Gefahr für eine richtige Individuation besteht darin, dass die Kindheit nicht ganz abgestreift wird. Dann tritt jenes infantile Verhalten zutage, das einen dazu führt, sich dem Diktat der Mode, der Werbung, der öffentlichen Meinung, kirchlichen oder wissenschaftlichen *Autoritäten* einfach zu beugen.

Vereinfacht ausgedrückt: Das Kind, der Jugendliche muss «sterben», um zu seiner Erwachsenenidentität – zu seinem Ich – zu erwachen. Die früher bereits zitierte Stelle aus dem Evangelium spricht nicht vom «Bleiben» wie ein Kind, sondern von einem «Werden». Allerdings spielen hier Alkohol und andere Rauschdrogen eine retardierende Rolle.

Gelingt mir dieser Reifungsprozess, dann kann, sozusagen unbeschadet, eine ganz neue, freie Beziehung zu den eigenen familiären Wurzeln aufgebaut und weitergepflegt werden. Und der eigene Weg geht weiter.

Das war jetzt die *eine* Weichenstellung, die Schwelle zur seelischen Selbstständigkeit, die sich bis weit in die Dreißigerjahre hinein erstrecken kann. Die *zweite* betrifft den anderen Pol gesunder Seelenentwicklung: Weltfindung. Sie hat sehr viel mit geistiger Reife zu tun.

Es gibt also biologische Triebe, aber auch seelische und geistige Triebe. Alle fordern ihre Rechte, weil wir Wesen sind, die aus Leib, Seele und Geist bestehen. Hier kann gute, gediegene spirituelle Literatur einen unersetzlichen Dienst leisten.[8] Selbstverständlich auch Übungen im religiösen Bereich.

Weltfindung hat nun mit Weltinteresse zu tun und mit der Sinnfrage der eigenen, individuellen Existenz im Kontext der Erdenentwicklung. Der Egoismus spielt in der menschlichen Entwicklung eine bedeutende Rolle: Um etwas hingeben zu können, muss dieses Etwas vorhanden sein. Wenn ich kein Geld habe, kann ich keines verschenken! Wenn ich kein «Ich» aufgebaut, bewusst entwickelt habe, kann ich es auch beispielsweise nicht in Liebe öffnen! Die Gefahr ist: Bleibe ich aber auch als Erwachsener zu sehr im Egoistischen stecken, in einem nie aufhörenden Egotrip, in einem rücksichtslosen Sich-verwirklichen-Wollen? Auch eine falsch verstandene und falsch erlebte spirituelle Dimension, die nur um das eigene Heil kreist, kann freilich den Egoismus nur stärken, gerade weil er hier sehr subtil auftreten kann.

Das Wunder des Erwachens an der eigenen, echten spirituellen Dimension ist aber neben anderem das, dass man «dort» Mensch *und* Welt neu findet! Keine psychologische Nabelschau kann mich zu diesem Ziele führen, nur der unbeugsame Wille, aus mir einen anderen, einen neuen Menschen zu schaffen, selbstverständlich auf der Grundlage dessen, was ich bisher geworden bin.

Ich kann, wenn ich es wirklich will – denn nur so ist es möglich – mein Gewordenes umformen, umwandeln, Stück für Stück, wenn auch oft in Kleinstarbeit. Interesse für andere Menschen, Weltinteresse und Interesse für die tieferen Fragen des Daseins – das sind Kräfte, womit ich positiv an meinem Schicksal arbeiten kann. Und das größte Wunder dabei ist: Finde ich mich im tiefsten Sinne, so finde ich auch *neu* Natur und Mensch, die ich in meiner Selbstsuche zunächst ausgeblendet hatte. Das kann in jedem Augenblick meines Lebens beginnen, gleichwie meine Vergangenheit aussieht.

Eine weitere goldene Regel ist hier das Praktizieren nüchterner Selbsterkenntnis. Alle paar Monate – oder je nach Bedarf – kann man sich fragen: Wie ist meine aktuelle Verfassung? Wie weit bin ich von meinen Zielen entfernt – habe ich überhaupt welche? Wie reagiert meine Umgebung auf mein Verhalten? Zwar sollte man sich mit der Zeit von dem Wunsch distanzieren, allen zu gefallen oder es allen recht zu machen – denn das geht beim besten Willen sowieso nicht, wir müssen schon unseren eigenen Weg gehen –, aber man sollte das Echo der Umwelt, der Familie, Freundinnen und Freunden, Kolleginnen und Kollegen u. a. sehr ernst nehmen, wollen wir nicht soziale Geisterfahrer werden. Auch wenn wir es nicht gleich einsehen können, gehört die möglicherweise kritische Reaktion auf unser Verhalten zur vollen Wirklichkeit des Lebens. Sie ist eine Tatsache, die, positiv aufgegriffen, uns ein Stückchen, nicht zuletzt in der Entwicklung unserer sozialen Kompetenz, weiterbringen kann. Ich erinnere mich an einen Fall in meinem Bekanntenkreis – es ging um eine Ehekrise –, wo die verzweifelte Ehefrau immer wieder versuchte, dem erstaunten Ehemann klarzumachen, dass, so wie sie leben und bisher gelebt haben, ihr Zusammensein überhaupt keine Ehe genannt werden könne. Er, beruflich ständig engagiert, betonte immer wieder gebetsmühlenartig, dass alles doch in bester Ordnung sei: Kinder, Haus, Auto und Einkommen. Was wolle sie denn? Es war also keine Spur von Selbstwahrnehmung vorhanden, geschweige denn Bereitschaft zur Selbstkritik. Eine für alle Parteien, nicht zuletzt für die Kinder, sehr schmerzliche Trennung war die Folge, eine in der heutigen Zeit – auch mit umgekehrten Vorzeichen – nicht seltene Situation.

Ist nun das Ziel der Selbstfindung die *Mitte* der eigenen Seele, das Erringen einer, wie man zu Recht sagt, «runden» Persönlichkeit, so ist das Ziel der Weltfindung, die *sphärische Dimension*, gleichsam die Umkreis-Dimension, in der sich unser Interesse ständig über unseren persönlichen Horizont hinaus erweitert: das Merkmal, dass ein Mensch geistig wirklich erwacht.

Man kann es auch so formulieren: Die erste Phase des Lebens hängt noch mit den Geburtskräften zusammen, die mich mit jugendlich-naturhaftem Schwung bis in die Mitte der Dreißigerjahre hinein begleiten und impulsieren. Freilich gibt es da viele Ausnahmen, denn die Stunde der Reife ist außerordentlich individuell angelegt. Grundsätzlich abwegig ist hier freilich das künstliche Jung-bleiben-Wollen: Man denke hier an das Schlagwort «Jugendwahn». Selbstverständlich kann am eigenen körperlichen Bau ständig etwas «ausgebessert» werden, doch wenn man sich in diesem Zauberwald völlig verliert, dann versäumt man genau das, was sich in uns als tiefere Dimension manifestieren möchte. Dann haben wir wirklich nur einen Schiffbruch, dem kein Aufbruch folgt. Denn im Leben des Menschen gehören auf geheimnisvolle Art Jugend und Alter, Leben und Tod, Schiffbruch und Aufbruch zusammen. Aus jedem Schiffbruch kann ein Aufbruch werden, wie verheerend der Erstere auch sein mag. Wie oft sind Kinder nach ihren vielen Enttäuschungen bereit, mit neuen Augen die Welt zu sehen, wie oft fällt das mühsam aufgebaute Kartenhaus in sich zusammen und wie oft versuchen sie es aufs Neue; wie oft verzeihen sie uns auch unsere erzieherischen Schiffbrüche! Diese Kräfte brauchen wir – neu.

Die Reifungsdynamik der zweiten Phase, in der wir

auch unser Unsterbliches erleben können, ist die Zeit, die uns mehr und mehr in die Nähe der Todesschwelle führt, in die Nähe jener geistigen Welt, aus der wir selbst stammen: eine lichte, sonnenhafte Welt ewigen Werdens. Bei den Kindern ist sie *noch* nah: im Kind-Sein. Bei einem alternden Menschen, je nachdem, wie er sein Innenleben ausrichtet, ist sie *schon wieder* nah. Wie sagt Novalis: «Wenn ein Geist stirbt, wird er Mensch. Wenn der Mensch stirbt, wird er Geist.» Und: «Wo Kinder sind, da ist ein goldenes Zeitalter.»[9]

Es sind in der Regel keine bewussten Seelenregungen, die unserer Jugendzeit jenen besonderen Schwung verleihen: Kräfte aus vorgeburtlichen Welten, die wir einfach vorfinden. Genauso wenig bewusst sind in der Regel auch jene Kräfte, die im späteren Älterwerden uns schon mit Ahnungen künftiger Lichtwelten begnaden wollen als Antwort auf unsere spirituelle Suche. Nicht nur, aber besonders in alten Tagen ist es wichtig, sich auch mit geistigen Fragen zu befassen. Das erleichtert den späteren Weg in die nachtodlichen Welten, die ja, wie bereits angedeutet, die gleichen geistigen Welten wie vor der Geburt sind. Nur: In der Jugend impulsieren sie uns mit der Kraft unserer Ideale des Wahren, Schönen und Guten, im Alter erwarten sie uns in geistgegründeter Hoffnung, dass wir ihnen bewusst entgegenleben. Es ist der reine Materie-Mensch in uns, der Angst vor dem Tode hat und diesbezüglich in ständiger Sorge lebt. Denn beides, Ankunft und Abschied, ist eins, wie Morgen und Abend, Frühling und Herbst, Leben und Tod. Um es mit Goethe zu sagen: Stirb *und* werde – das ist das Grundgesetz des Kosmos. Akzeptiere ich es aktiv, nicht resignativ, wenn auch anfänglich nur in meinem Denken, dann macht mich diese Gesinnung zum Lebenskünstler. Jeder Schiffbruch wird so zum Rohstoff einer neuen Schöpfung. Gewiss meinte dies Novalis, als er sagte: «Mensch werden ist eine Kunst.»[10]

Große, weise Menschen haben es immer gewusst. Zwar hat diese Dynamik nach der Auferstehung Christi, wie wir später sehen werden, eine ganz neue Qualität bekommen. Diese Verflochtenheit von Leben und Tod in *einem* Sein war jedoch auch in vorchristlicher Zeit bekannt, wie die Zeilen aus den *Upanishaden*, den esoterischen Texten des Brahmanismus zeigen:

> Wer weiß, dass Werden und Vergehen
> Auf völlig gleicher Stufe stehen,
> Entgeht durch Untergang dem Tod
> Und wird unsterblich durch Entstehen.[11]

Nun drängt sich jedoch die Frage auf: Wie merke ich, dass eine oder beide Weichenstellungen misslungen sind? Und weiter: Sind die teilweise oder vollständig misslungen?

Einige Merkmale, Symptome eines sich in Gang befindlichen Schiffbruchs können sich sozusagen endogen, ganz von innen, melden. Oder sie sind – wie so oft – von außen veranlasst und nisten sich dann in der Seele mit Unbehagen, Gereiztheit, depressiver Verstimmung, Resignation, Aggression, Krankheit, Suchtverhalten ein. Die äußeren Faktoren können ganz unterschiedlich sein, wie beispielsweise ein Unfall, Kündigung und Arbeitslosigkeit, Scheidung, Todesfall im eigenen Umkreis usw.

Der entscheidende Schritt kann nur von innen kommen: Ratschläge sind gut, eigene Einsicht ist besser. Zuerst kann man versuchen, die Lage als solche – das geht nicht so schnell – als Tatsache, die es zu meistern gilt, anzuerkennen. Gewissermaßen als positive Provokation. Nicht immer gleich fragen: Warum ich, warum mich? Sondern: *Ich bin* der Gefragte.

Meisterhaft hat es Viktor E. Frankl, der Begründer der Logotherapie, verstanden, selbst im Konzentrationslager das Ruder seiner inneren Verfassung in der Hand zu behalten. In seinem Buch *... trotzdem Ja zum Leben sagen – Ein Psychologe erlebt das Konzentrationslager,* das bereits in 22 Sprachen übersetzt wurde und das ich als einen Ausdruck höchster Lebenskunst bezeichnen möchte, finden sich solche Stellen:

«Was hier not tut, ist eine Wendung in der ganzen Fragestellung nach dem Sinn des Lebens: Wir müssen lernen und die verzweifelten Menschen lehren, dass *es eigentlich nie und nimmer darauf ankommt, was wir vom Leben noch zu erwarten haben, vielmehr lediglich darauf: was das Leben von uns erwartet!* Zünftig philosophisch gesprochen könnte man sagen, dass es hier also um eine Art kopernikanische Wende geht, so zwar, dass wir nicht mehr einfach nach dem Sinn des Lebens fragen, sondern dass wir uns selbst als die Befragten erleben, als diejenigen, an die das Leben täglich und stündlich Fragen stellt – Fragen, die wir zu beantworten haben, indem wir nicht durch ein Grübeln oder Reden, sondern nur durch ein Handeln, ein richtiges Verhalten, die rechte Antwort geben. Leben heißt letztlich eben nichts anderes als: Verantwortung tragen für die rechte Beantwortung der Lebensfragen, für die Erfüllung der Aufgaben, die jedem Einzelnen das Leben stellt, für die Erfüllung der Forderung der Stunde.»[12]

Hier wird sehr eindringlich auf jene Grundgesinnung hingewiesen, die zuvor schon erwähnt wurde. Frankl spricht zwar nicht vom Gesetz des «Stirb und Werde», seine ganze Haltung jedoch ist ein Zeugnis dafür. Und besonders in dieser eben zitierten Stelle kommt der zentrale Punkt zum Ausdruck, wo zwischen dem

Aufprall einer äußeren Situation und der Antwort aus dem Inneren sich ein Freiraum in der Seele öffnen kann, der erst die Möglichkeit einer souveränen Handlung eröffnet.[13] Der vermeintliche Schiffbruch kann in diesem Freiraum als Voraussetzung für einen neuen Aufbruch angesehen werden, selbst wenn er zu einer späteren Zeit und unter anderen räumlichen Verhältnissen realisiert werden kann.

Es versteht sich, dass zur Schulung dieser Grundfähigkeit auch das regelmäßige Erüben einer jeglichen Kunst ein wichtiges Mittel sein kann: Beim Malen stehe ich beispielsweise vor dem Nichts eines weißen Blattes, beim Plastizieren vor einer anfangs ungeformten Masse. Auch bei jeder neuen Situation, vor jeder neuen Handlung muss ich lernen, innezuhalten, einen freien Atemzug zu machen, bevor ich eingreife. Gewiss, viele Situationen erfordern sofortiges, geistesgegenwärtiges Handeln. Die Erfahrung zeigt, dass die hier gemeinte Grundeinstellung sowie eine freie künstlerische Tätigkeit unsere Fähigkeit, geistesgegenwärtig zu sein, verstärken und erhöhen. In den Jahren meiner Lehrtätigkeit an einer Kunsthochschule konnte ich diesbezüglich immer wieder positive Veränderungen in der Verfassung der Studierenden beobachten.

Und was ist mit unserem Schmerz? Dies lässt sich nun zu Recht fragen. Natürlich versuchen wir soweit wie möglich, Schmerz zu vermeiden. Einmal, weil wir ihn nicht wollen, und zum anderen, wenn wir ihn nicht oder nicht länger ertragen. Das ist, menschlich gesehen, auch verständlich. Und doch gehört der Schmerz, richtig bewältigt, zu den wichtigsten Faktoren eines wahrhaft erfüllten Lebens. Mir liegt hier jede masochistische Neigung fern. Dennoch gehört das prinzipielle Akzeptieren des Schmerzes, des Leidens zu jenen Farben oder Klängen, aus denen das Kunstwerk eines Lebens sich langsam formt. Man gönne einem Kind, wenn eine schmerzliche Situation plötzlich auftritt, seinen Schmerz durchzustehen. Das wird es für alles spätere Leben stärken. Stirbt beispielsweise plötzlich sein Lieblingstier, sollte man nicht gleich einen Ersatz kaufen! Kommt ein anderer Schmerz, z.B. es fällt hin oder es verletzt sich etwas, sollte man es gewiss trösten, aber nicht gleich mit einer Süßigkeit ablenken – das kann nur Suchtverhalten fördern. Während des ganzen Lebens kann das richtige Erleiden von Schmerz zum wichtigsten «Erziehungsfaktor» werden. Denn zu den Grundbausteinen des Lebens gehören nicht nur Leben und Tod, sondern auch Freuden *und* Schmerzen. Erst eine trügerische Lebenseinstellung, die aus dem Leben immer nur eine Oase der Freude und des Vergnügens machen möchte, oder ein einseitiges Streben nach *nur* Leben oder Lebensverlängerung, erst dieser einseitige Hedonismus, der den Genuss als Ziel alles sittlichen Handelns betrachtet, kann die wirkliche, vollmenschliche Lebensfreude verderben. In unserer heutigen Zivilisation sind diese Stimmen leider oft die lautesten.

Im *Faust* finden wir eine Stelle, die uns diesen zuletzt angesprochenen Komplex sehr deutlich veranschaulicht.

Wir befinden uns im ersten Teil von Goethes dichterischem Meisterwerk, es geht um das Leben in seinen vielfältigen Formen in Wachstums- und Abbauprozessen. Man denke beispielsweise an das Wunder stetiger Bluterneuerung in unserem Organismus. Das eigentliche Mysterium des Lebens ist nicht ein bloßes, ständiges Wachsen – das würden wir eher als Wucherung, als Krebsgeschwür bezeichnen. Das Leben, das frische, immer neue Leben ist stets Ergebnis eines schöpferischen Kampfes zwischen «Leben» und «Tod», damit immer neues Leben – neue Formen – entstehen können, genauso wie es Goethe einmal ausspricht, dass der Tod der Kunstgriff (!) der Natur ist, um viel Leben zu haben. In dieser *Faust*-Szene[14] setzt sich der kämpferisch gestimmte Faust mit Mephisto – dem Teufel – auseinander. Mephisto kennt die schöpferische Mitte zwischen Auf- und Abbau nicht, aus dem immer neues Leben entsteht. Er kennt entweder nur den Tod oder – seelisch gesprochen – nur ein «Leben» in seichten Genüssen. Er wird ja Faust durch einen Hexentrank biologisch verjüngen! Der an sich zwiespältige Teufel kann also entweder nur das eine oder das andere geben. Dass wahres Leben immer wieder aus einem Todesprozess entsteht, ist ihm eine grauenhafte und nicht nachvollziehbare Vorstellung. Er ist eben der Herr des Todes oder eines illusorischen Scheinlebens, wie uns der weitere Gang der Handlung in den späteren Akten zeigt. Die schöpferische Mitte kennt er nicht. So äußert sich Faust vor dem berühmten Pakt:

> Doch hast du Speise, die nicht sättigt, hast
> Du rotes Gold, das ohne Rast,
> Quecksilber gleich, dir in der Hand zerrinnt,
> Ein Spiel, bei dem man nie gewinnt ...

Und es ist aufschlussreich, dass dem Pakt eine Aufforderung Fausts an Mephisto vorangeht, die auf diese Ohnmacht des Dämonischen hinweist:

> Zeig mir die Frucht, die fault, eh man sie bricht,
> Und Bäume, die sich täglich neu begrünen!

Das heißt: Zeige mir nicht nur das schillernde, abwechslungsreiche «Leben», sondern einmal eine reife Frucht, in der man schon den Todeskeim, die Vergänglichkeit sieht und gleichzeitig, wie Leben aus dem

Tode täglich aufersteht, eben «Geburt und Grab»[15] in steter Polarität und Steigerung miteinander verwoben, wie es uns die Natur seit Millionen von Jahren vormacht. Ein Wechselspiel, das beim Menschen in der Tatsache der Wiederverkörperung seines Geistes eine Erhöhung findet.

Schicksal: Zufall, Notwendigkeit oder Freiheit?

Es ist mir bewusst, dass nicht jeder Zeitgenosse von der Wirklichkeit wiederholter Erdenleben überzeugt ist, obwohl mittlerweile immer mehr Menschen als etwa vor dreißig Jahren ahnen oder wissen, dass sie mehrmals auf Erden gelebt haben. Für ein tieferes Verständnis von Lebenskunst ist dieses Thema jedoch von grundlegender Bedeutung. Die Frage nach dem Schicksal setzt allerdings voraus, dass wir uns einen umfassenderen, einen volleren Begriff vom Ich des Menschen gebildet haben. Viele Philosophen und Psychologen haben sich in unterschiedlichem Maße und mit unterschiedlichem Tief- und Weitblick mit der Ich-Frage beschäftigt. Man denke beispielsweise an Johann Gottlieb Fichte mit seiner «Ich-Philosophie» und an Sigmund Freuds Dreiheit von Über-Ich, Ich und Es. Die Position, die hier eingenommen wird, wurde im vorigen Kapitel angedeutet, als von der inneren, charakterlichen Gediegenheit des Individuums – von seiner Ich-Beschaffenheit – kurz die Rede war. In diesem Sinne ist das Ich die Offenbarung des eigenen, unverwechselbaren Wesenskernes. In seinem sprachlich dichten *Orphischen Urwort – Daimon* – formuliert es Goethe so:[16]

Wie an dem Tag, der dich der Welt verliehen,
Die Sonne stand zum Gruße der Planeten,
Bist alsobald und fort und fort gediehen
Nach dem Gesetz, wonach du angetreten.
So musst du sein, dir kannst du nicht entfliehen,
So sagten schon Sibyllen, so Propheten;
Und keine Zeit und keine Macht zerstückelt
Geprägte Form, die lebend sich entwickelt.

Diese geprägte Form, die lebend sich entwickelt, ist unser Ich. Das Einzige in der Welt der materiellen Dinge, das sich selbst benennen und erfassen kann. Alles andere kann nur von außen benannt und erfasst werden. Dieses In-sich-selbst-Wissen des Ich ist eine rein geistige Tätigkeit: Hier spricht Bewusstseinslicht, nicht Materie. Die physikalisch unmögliche Leistung des Freiherrn von Münchhausen, der sich am eigenen Schopf erfasst und in die Luft hochzieht, vollzieht das Ich geistig, indem es sich selbst – ohne Stütze von außen – «Ich» nennt. Der Vergleich ist zwar etwas komisch, aber die Erfahrung bestätigt dieses Wunder des «Ich bin Ich», das einem schon durch bloßes Nachdenken bewusst werden kann.

Eine eingehende philosophische Begründung dieses Tatbestandes hier zu liefern, würde zu weit vom hier gewählten Thema wegführen. Die anthroposophisch orientierte Geisteswissenschaft gibt hier Mittel an die Hand,[17] durch eigene Erkenntnisarbeit zu einer Ich-Erfahrung zu kommen, die es uns ermöglicht, nicht nur vom unsterblichen Wesenskern des Menschen zu sprechen – von der «geprägten Form» –, sondern auch von seinen Metamorphosen von Erdenleben zu Erdenleben im Laufe der geschichtlichen Entwicklung der Menschheit. Diese Erfahrung liegt den nächsten Ausführungen zugrunde, die ausschließlich als Anregung zum Weiterdenken gedacht sind. Es sind Hinweise, nicht Beweise.

Eine tiefere Schicht unseres Ich hat unter anderem eine ganz bestimmte Eigenschaft: Man kann sie als reine Willenskraft erleben, als innere Energie, als immerwährend zukunftschaffende Kraft. Es ist reine Willenskraft, die unsere Gliedmaßen in Bewegung setzt, die aber auch in uns bewirkt, dass im Denkprozess Gedanke auf Gedanke folgt und Entscheidungen in die Tat umgesetzt werden. Während wir uns in der Regel dank unseres Gedächtnisses als Produkt unserer Vergangenheit erleben – auch eine bedeutende Ich-Erfahrung –, lässt uns unser Kraftwille fortwährend Zukunft ahnen und einfach im täglichen Tun schaffen. Somit lebt unser Ich in der Vergangenheit, in der jeweiligen Gegenwart und, mehr oder weniger bewusst, ständig zukunftsorientiert. Unvoreingenommene Selbstbeobachtung kann uns das schnell verdeutlichen.

Was uns in diesem Kapitel besonders interessiert, ist gerade diese Willenskomponente, denn sie ist unter anderem die Kraft, die sich in der Lebenskunst betätigt. Das Erleben unserer biografischen Vergangenheit ist Wurzel unserer täglichen Ich-Empfindung. Das Stehen mitten drin in der Gegenwart mit ihren vielen Seiten und Anforderungen ist mit die Gewähr, dass ich es bin, das lebt oder gelebt wird. Aber nur die Entdeckung dieser oft verborgenen Willenskraft in einer tieferen Ich-Schicht lässt uns die Möglichkeiten konkret erleben, die uns die Zukunft eröffnen will. Gerade der Wille ist die Möglichkeit der freien Lebensgestaltung: Er kann Patt-Situationen auflösen, neue Wege zeigen, Krisensituationen aufhellen, neue Horizonte unserer persönlichen Biografie ahnen lassen. Was wir realitätsorientiert wirklich wollen, können wir auch erreichen. Und wenn wir sagen: Ich kann nicht, dann wollen wir in Wirklichkeit nicht.

Selbst das Erleben unserer Unsterblichkeit bekommt hier stärksten Auftrieb. Unser Denken kann freilich Beweise für und wider die Unsterblichkeit suchen und finden. Unser Fühlen kann daran zweifeln oder glauben. Eine größere Sicherheit gibt hier das Erleben der bereits erwähnten Zukunftsdynamik unseres tieferen Ich-Wesens. Gerade diese zugestandenermaßen nicht auf der Oberfläche des Bewusstseins liegende Erfahrung besaß Goethe; sie gab ihm die unerschütterliche Gewissheit, dass des Menschen wahres Wesen ewig ist. Am 4. Februar 1829, etwa achtzigjährig, sagt er zu Eckermann: «Die Überzeugung unserer Fortdauer entspringt mir aus dem Begriff der Tätigkeit; denn wenn ich bis an mein Ende rastlos wirke, so ist die Natur verpflichtet, mir eine andere Form des Daseins anzuweisen, wenn die jetzige meinen Geist nicht ferner auszuhalten vermag.»[18]

Nun gibt der Begriff «unsterblicher Wesenskern» nicht nur den Blick für die Zukunft nach dem Tode frei, sondern auch für das, was vor der Geburt stattgefunden hat. Rudolf Steiner hat einmal das Wort «Ungeborenheit» in Ergänzung zur «Unsterblichkeit» geprägt. In Zusammenhang mit Karma als Ergebnis wiederholter Erdenleben sind beide Begriffe ein unerlässlicher Verständnis-Schlüssel. Schicksal in diesem Sinne hat also mit Geschick zu tun, mit etwas, was zu uns geschickt wird. Wie verhalten sich hier die Begriffe Zufall, Notwendigkeit und Freiheit? Gehören sie alle drei zusammen oder lehnen sie sich gegenseitig ab? Denn der Zufall kann zuerst nur zufällig sein und die Notwendigkeit notwendig. Aber wo kann dann überhaupt von Freiheit die Rede sein? – Was passiert diesbezüglich nach dem Tode und vor der Geburt, und zwar im Kern?

Aufarbeitung des vergangenen Lebens und Vorbereitung der nächsten Inkarnation sind, unter dem Aspekt der Karmabildung gesehen, die zwei Pole der nachtodlichen Entwicklung. Verlässt der Mensch den Körper, in dem er sein letztes Leben verbracht hat, so dehnt sich sein Geistig-Seelisches in den übersinnlichen Sternenkosmos aus. Dieses Sich-Ausdehnen ist in Wirklichkeit ein Aufgehen in die hohe moralische Substanz geistiger Hierarchien, in deren Lichte das vergangene Leben, das gesamte Denken, Fühlen und Handeln des Menschen angeschaut wird. Man kann auch von der göttlichen Gerechtigkeit sprechen. Mehr oder weniger bewusst, je nachdem, ob der Mensch im Erdenleben um Spiritualisierung, d.h. Veredelung seiner Existenz, gerungen hat, erlebt die entkörperte Seele diese Vorgänge mit wachsender Betroffenheit. Impulse, Handlungsziele, um Getanes besser oder wiedergutzumachen, erwachen in ihr. Schmerzen, Freuden, Taten und Erkenntnisse verwandeln sich in zukünftige Neigungen oder Abneigungen, Begabungen oder Hindernisse. Zwei Impulse erweisen sich hier als maßgebend: Weisheit und Liebe, die in den geistigen Sphären zunehmend als zusammengehörig erlebt werden.

Weisheit kann man – vereinfacht ausgedrückt – auch

als Licht des gesamten geistigen Kosmos bezeichnen, ein Bewusstseinslicht, das verschiedene Intensitätsstufen aufweist. Schon auf Erden erleben wir eine ungeheure, gesetzmäßig wirkende Weisheit in allen Phänomenen, die wir wahrnehmen. Unter anderem durchziehen mathematisch-weisheitsvolle Strukturen das ganze Weltall, mit dem wir mit unserem erkennenden Bewusstsein vielfältig verwoben sind. Die Religiosität von Persönlichkeiten wie Max Planck oder Albert Einstein beispielsweise hat im Wesentlichen hier ihren Ursprung.[19]

Es ist das Licht gewaltig-erhabener Geistwesen, dessen wir im Erkennen teilhaftig werden. Dieses Licht der Weisheit und Wahrheit, das im gesamten Kosmos waltet, ist gewissermaßen der wesenhaft-schöpferische Plan der Welt, nach dem unter anderem die Raupe Schmetterling wird und die Planeten ihre Bahnen ziehen. Man könnte ihn auch den tieferen «Sinn» der Schöpfung nennen, ihr Ziel, zu dessen Verwirklichung auf Erden wir alle aufgerufen sind. Im Nachtodlichen ist der Maßstab, nach dem wir all unser Tun und Lassen anschauen, gerade dieser «Plan» der Welt, diese Absichten und Ziele der Gesamtevolution, die gleichsam im Schoße göttlicher Sphären urständen. Der Evangelist Johannes nennt diesen dynamischen Plan der Welt – bzw. dessen Haupturheber – den Logos, das schaffende Wort.

Indem der Mensch in immer höheren geistigen Sphären aufgeht, kann er sehen, wie wenig er bisher zur Verwirklichung dieser Absichten und Ziele der Gottheit beigetragen hat. Vor allem angesichts des Menschenurbildes, dessen er jetzt ansichtig wird, empfindet er diesen Mangel. Das am Anfang der Genesis gewollte «Bild Gottes», der Mensch als ein Ziel aller Erdenevolution, das aus der kosmischen Weisheit und Liebe Gottes geborene Bild des künftigen Menschen, kann zum tiefsten Erlebnis werden und zum gewaltigen Impulsator, in einem nächsten Erdenleben entsprechende Schritte zu seiner Verwirklichung zu unternehmen.

Wenn Weisheit nun das Licht des Kosmos ist, so ist Liebe die Impulsierung des gesamten Alls, gleichsam die Kraft der Verwirklichung seiner gottgedachten Ziele, das aber heißt: das Urfeuer aller Schöpfung. Nur die Kraft der Liebe kann dieses Ziel verwirklichen.

Im Licht der göttlichen Wesen wird also künftiges Schicksal gesponnen; weisheitsvoll werden künftige Ereignisse vorgeplant, die im Irdischen sich als «Zufälle» erweisen. Und tief in die Seele senken sich Impulse künftiger Taten, die dem hohen Plan der Schöpfung mehr und mehr entsprechen sollen. Aber nur in der *Liebe* kann sich das alles entfalten und verwirklichen.

Man kann also die Liebe als kosmischen, göttlichen *Willen* bezeichnen. Das Licht des Göttlichen ist zwar seine Weisheit, aber die Feuerkraft immerwährender

Schöpfung ist seine unsagbare Liebe. Im Nachtodlichen wird unser Leben, sowohl das vergangene als auch die zukünftige Inkarnation, nicht zuletzt im Lichte der in uns vorhandenen Liebe angeschaut und entsprechend kräftemäßig veranlagt und angereichert. Während die Weisheit, worin sich unsere Welt offenbart, überall erlebbar ist, muss die Liebe, die menschliche Liebe, sich immer neu verwirklichen, und zwar auf Erden, soweit sie die Entwicklung der Menschheit betrifft.

So werden uns Ereignisse begegnen, die in erster Linie von uns selbst gewollter Ausgleich für Vergangenes sein werden. Aber nicht nur. Denn von zentraler Bedeutung ist jetzt die Einsicht, dass kein Ereignis, das mir begegnet, in sich schon die Richtung meiner Reaktion beziehungsweise meiner Antwort beinhaltet, gleichsam wie eine Einbahnstraße für meinen Willen. Verschiedene Gesellschaftsnormen bestimmen zwar immer wieder unser Verhalten in die eine oder andere Richtung, auch Gewohnheiten oder von Kindheitstagen in uns eingeprägte Verhaltensmuster – aber sie sollen und müssen wegfallen, überwunden werden. Was hier die Hauptrolle spielt, ist die Möglichkeit der Freiheit. Wie auch immer ein Ereignis oder eine Begegnung auf mich trifft, ob als ein Notwendiges aus der Vergangenheit im Sinne eines Schicksalsausgleiches, also als etwas Vorbestimmtes, oder als ein Neueinschlag – denn nicht alles ist vorbestimmt –, immer habe ich in meiner Seele die Möglichkeit, nach eigenem Wissen und Gewissen zu handeln. Zentral ist das, was *ich selbst* aus einer Situation mache! Und zwar zunächst unabhängig davon, ob es sich um ein Schicksal aus der Vergangenheit handelt oder um einen von der geistig-göttlichen Welt gewollten «Neueinschlag», der gleichsam aus der Zukunft auf mich zukommt: Ich habe zu entscheiden, in welche Richtung ich reagieren muss. Man denke hier an die früher zitierten Worte von Viktor E. Frankl. Ich bin ja, dank der in mir aus vorgeburtlichen Welten ruhenden Quellen von Weisheit und Liebe intuitionsfähig – sozial und künstlerisch. Eine begeisternde Perspektive!

Somit steht die Seele in der Mitte zwischen vergangenem Schicksal und dem, was aus der Zukunft kommen mag, und zwar in der souveränen Haltung, dass ich es immer bin, der *bestimm*t, wie das Leben auf mich letzten Endes zu wirken hat. Die hohe Würde potenzieller Freiheit wird mir von der göttlichen Welt verliehen. Ich bin zum Selbstgestalter meines Schicksals aufgerufen, das ich durch meinen Willen täglich forme und umforme: Hier kann das tägliche Handeln im Leben zur Lebenskunst werden.

Aus dem Verständnis heraus, dass die kosmische Weisheit als die Intelligenz Gottes und die Liebe als seine Handlungsweise betrachtet werden kann, ist Logos Inbegriff der Weisheit und die Liebe ist Kraft, also tätiger Wille. Der Mensch, in der Gesamtheit seiner Seelenkräfte – Denken, Fühlen und Wollen – ist nach einem göttlichen Urbild gebaut. Er kann in Weisheit denken und fühlen und in Liebe fühlen und handeln.[20]

Es ist mir durchaus bewusst, dass nicht alles Denken des Menschen sich in der Weisheit bewegt und dass sein Handeln gewiss nicht immer von Liebe impulsiert wird. Aber wenn es darum geht, das Urbild Mensch, das gottgedachte Ebenbild – als höchstes Kunstwerk im Sinne des zu Beginn zitierten Wortes von Novalis – zu verwirklichen, dann geht das Ideal des aus Weisheit und Liebe lebenden Menschen schon jeden Menschen an. Einmal hörte ich den Spruch: «Ideale sind wie Sterne, wir können sie jetzt nicht erreichen, aber wir können uns an ihnen orientieren.» Es ist dann nur eine *Willensfrage*, ob ich mich an die Arbeit machen will, um aus mir – sehr vereinfacht ausgedrückt – einen besseren Menschen zu machen. Ein großer Geist aus der Renaissance, Giovanni Pico della Mirandola, hat einmal Folgendes über den Menschen gesagt, und zwar in seiner Rede über die Würde des Menschen: «So nahm er (Gott) den Menschen als ein Werk unbestimmter Art auf, stellte ihn in die Mitte der Welt und sprach zu ihm wie folgt: ‹Dir, Adam, habe ich keinen bestimmten Ort, kein eigenes Aussehen und keinen besonderen

Vorzug verliehen, damit du den Ort, das Aussehen und die Vorzüge, die du dir wünschest, nach eigenem Beschluss und Ratschlag dir erwirbst. Die begrenzte Natur der anderen ist in Gesetzen enthalten, die ich vorgeschrieben habe. Von keinen Schranken eingeengt sollst du deine eigene Natur selbst bestimmen nach deinem Willen, dessen Macht ich dir überlassen habe. Ich stellte dich in die Mitte der Welt, damit du von dort aus alles, was ringsum ist, besser überschaust. Ich erschuf dich weder himmlisch noch irdisch, weder sterblich noch unsterblich, damit du als dein eigener, gleichsam freier, unumschränkter Baumeister dich selbst in der von dir gewählten Form aufbaust und gestaltest. Du kannst nach unten in den Tierwesen entarten; du kannst nach oben, deinem eigenen Willen folgend, im Göttlichen neu erstehen›.»[21]

Damit werden wir wieder auf die Zauberkraft unseres Willens hingewiesen. Wenn übrigens von Willen gesprochen wird, meine ich immer *Willen im praktischen Vollzug*, nicht etwaige Absichten, die in der Regel, wenn sie nicht geradezu glatte Vortäuschungen sind, nur als Vorstellungen in unserem Denkbewusstsein leben.

Beruf und Berufung

Man kann die heute in den meisten Ländern der Welt weitverbreitete Arbeitslosigkeit eine «soziale Seuche» nennen, deren aggressiver Herd gewiss mehrschichtig ist. Nicht zuletzt wurzelt sie in einem von weltweit agierenden Konzernen auf Gewinnmaximierung orientierten Fühlen und Handeln. Psychologisch ausgesprochen: Die Triebsphäre egoistischer Wünsche und Visionen bestimmt hier jegliche Zukunftsplanung. In diesem Räderwerk wird nicht selten ein Leben zerstört oder ein Mensch aus seiner Bahn geworfen.

In der Tat kann der Verlust der eigenen Arbeit, was seine Folgen für den betroffenen Menschen anbelangt, nicht ernst genug genommen werden. Was tun, wenn es passiert? Wenn man für eine kurze oder auch für eine längere Zeit arbeitslos ist?

Andererseits muss man auch fragen dürfen: Definiert sich der Mensch *nur* durch seine Erwerbstätigkeit? Natürlich gibt es die oft drängende Problematik finanzieller Einschränkung, die hier nicht thematisiert werden kann und soll, denn es geht hier um die Definition des Menschen schlechthin und um seine grundsätzliche Stellung im Kontext der Erdenentwicklung. Selbstverständlich wird ein Betroffener mit den ihm zur Verfügung stehenden Möglichkeiten unablässig versuchen, eine andere Stelle zu finden. Das ist in uneingeschränktem Maße der richtige Weg. Und dennoch ist auch hier eine Begriffsklärung fällig. Was ist eigentlich ein «Beruf»? Was unterscheidet ihn vom heute zum Lieblingswort aufgerückten «Job»? Aus der Tatsache heraus, dass ich selbst relativ spät meinen eigentlichen Beruf als Lehrer gefunden habe und dass ich davor bereits drei verschiedene Berufe mit wechselndem Glück und mit interessanten Zwischenzeiten ausgeübt hatte, erlaube ich mir folgende Gedanken zu formulieren.

Die faktische Grundsituation des Menschen ist, abgesehen von Ausnahmen, dass er für seinen Lebensunterhalt zu arbeiten hat; das ist, biblisch gesprochen, seit Kain und seinen Nachkommen so. Vielleicht wird uns das momentan viel diskutierte, uneingeschränkte Grundeinkommen für jedermann eines Tages von diesem Joch befreien und den Ausblick auf die Bedeutung einer frei ergriffenen Beschäftigung eröffnen. Wie auch immer: Noch ist es nicht da und noch geht es darum, mit dem Verlust der eigenen Erwerbsfähigkeit oder seines Jobs umzugehen. Job, ein Wort aus dem Angloamerikanischen, heißt so viel wie «vorübergehende Beschäftigung», «Gelegenheit zum Geldverdienen».[22] Dagegen ist freilich nichts einzuwenden.

Beruf ist etwas anderes. Das ist zwar bekannt, aber das Wort Job – und was sich damit als Inhalt verbindet – hat mehr und mehr die Stelle des Berufes eingenommen. Gewiss sind auch hier die Ursachen vielschichtig. Beruf hängt jedoch mit Berufung zusammen – nicht im Sinne einer Berufung im Hochschulwesen beispielsweise, sondern als Zielvorstellung einer täglich zu vollziehenden Tätigkeit. Erste Berufsvorstellungen entstehen ja bereits in der Kindheit. Eltern und Erzieher wissen viel davon zu berichten: Lokführer auf der einen, Krankenschwester auf der anderen Seite oder Filmschauspieler, Model o. Ä. Dann kommt die echte Berufssuche bzw. das konkrete Ausbildungsziel. Hier stellen sich sehr komplexe Fragen. Eine gewichtige ist gewiss die: Bringe ich auch den Wunsch nach einem bestimmten Beruf aus vorgeburtlichen Welten mit? Im Sinne des vorherigen Kapitels ließe sich fragen: Ist der Berufswunsch eine karmische, schicksalhafte Aufgabe?

Ich möchte diese Frage bejahen, obwohl sie konkret nur ganz individuell beantwortet werden kann. Und es kann tatsächlich der Fall eintreten, dass man tragischerweise daran gehindert wird, seinen «Traumberuf» zu ergreifen oder auch unter Umständen ihn nicht genau zu kennen. Im Gespräch mit jungen Erwachsenen ist mir diese zweite Möglichkeit oft vor Augen geführt worden. Die Ursachen können unterschiedlich sein, aber es kann auch eine Willensschwäche vorliegen, denn auch hier ist der *Wille* das Losungswort.

Abgesehen davon, dass im Grunde genommen jede Tätigkeit, sobald wir ihre Bedeutung für das Gemeinwesen im umfassenden Sinn erkennen, zu einer Berufung wachsen kann, liegt oft auch der Tatbestand vor, dass manch einer vor lauter Begabungen nicht weiß, was er eigentlich tun soll. Hier wäre es gewiss gut, wenn junge Menschen viel mehr Zeit zu ihrer Berufsfindung hätten, als dies heute in der Regel möglich ist. Es kann dann auch passieren, dass wir uns später nicht im richtigen Beruf wiederfinden, was einen ein ganzes Leben lang bedrücken kann, vor allem, wenn ein Wechsel nicht möglich ist.

Man darf in diesem Zusammenhang nicht vergessen, dass es dagegen auch sehr viele Zeitgenossen gibt, die ihren Beruf als Berufung erleben und lieben. Das ist dann ein großes Lebensgeschenk. In allen anderen Fällen kann jedoch viel mehr getan werden, als man gemeinhin denkt: Wenn man es nur will, und zwar heute; wenn man weiß, dass jede Situation eigentlich nur da ist, um willentlich – souverän – angepackt zu werden.

Gewiss kann auch Tragik vorliegen, aber nicht immer und oft nur scheinbar. Es ist letzten Endes eine Frage der *Initiative*. Vieles in unserer Zivilisation scheint geradezu darauf angelegt zu sein, unseren tieferen Willen zu schwächen, wie beispielsweise übermäßiger Medienkonsum, Alkohol oder weitere Rauschdrogen. Eine besondere Abart der Willensschwäche oder auch der Ich-Schwäche ist beispielsweise die konsumistische Einstellung, dass Eltern, Partner, soziale Umwelt, ja Gott selbst auf die Dauer nur da sind, um mir etwas zu bieten, zu geben und meine Wünsche zu befriedigen. Bietet mir mein Partner nicht genug, so sucht sich der echte Konsum-Mensch halt andere Weideplätze. Bin ich ein ewiger Nesthocker, dann weiß ich immer genau, was meine Eltern mir zu bieten haben. Oder ich denke, dass immer die anderen an allem schuld sind ...

An dieser Stelle ist es hilfreich, nochmals auf den Willen zurückzukommen: Befinde ich mich in einer Verlust-Situation oder stehe ich vor einem zunächst negativen Schicksalsschlag, so sind in erster Linie nicht die menschlich allzu verständlichen Reaktionen wie Trauer, Zorn oder Fassungslosigkeit gefragt, sondern meine eigenste Kreativität.

Natürlich müssen diese Reaktionen zugelassen werden, aber es gibt im Prinzip keine Situation, die sich von uns nicht gestalten ließe. Unser soziales System, selbst wenn die Maschen zunehmend enger werden, gibt uns noch weitgehend Möglichkeiten eigener, wie man gerne sagt, Freizeitgestaltung. Gemeint sind jetzt nicht, obwohl manch ein Politiker so denkt, *panem et circenses*, also Brot und Spiele, wie zur Zeit des alten Rom, sondern die Möglichkeiten freier Initiativgestaltung: Man kann sich durch Selbststudium oder anders weiterbilden, man kann sich künstlerisch betätigen, man kann ehrenamtliche Tätigkeiten im sozialen Kontext übernehmen. Hauptsache man tut etwas, *dessen Sinn man einsehen kann*. Nicht was die bürgerliche Gesellschaft für bürgerlich gut hält, ist hier von Bedeutung, sondern das, was ich selbst ergreife und – angesichts dessen Bedeutung im großen Haushalt der Welt – auch lieben kann! Es gibt sicherlich vieles, auch Unangenehmes, was ich tun muss, aber es gibt unendlich vieles, was ich tun könnte, wenn ich wirklich wollte. Denn unser Wille *erlahmt oder wird zunehmend aggressiv, wenn er sich nicht betätigt*, vor allem wenn er nicht von unserem Ich, in innerer Souveränität, aktiviert wird. So wie das Wasser, das immer in Bewegung zu sein hat, da es sonst zur Pfütze wird und anfängt übel zu riechen. Auch unsere Muskeln erleiden Schwäche und Schwund, wenn sie nicht betätigt werden.

Jeder Anfang ist hier von größter Bedeutung, denn erst auf dem Weg können sich neue Horizonte zeigen. Außerdem darf man in diesem ganzen Komplex das nicht vergessen, was über Schiffbruch und Aufbruch im vorigen Kapitel ausgeführt wurde. Ein Mensch, der Initiativen zu ergreifen vermag, wird gewiss nie einer psychisch bedingten Depression anheimfallen. Denn er hat aufgehört, gelebt zu werden!

Zuvor wurde schon infrage gestellt, ob sich der Mensch durch seinen Erwerb oder durch seinen Beruf definieren soll. So wichtig der richtige Beruf für uns ist, noch wichtiger ist zu wissen, dass Menschwerdung im vollen Sinn des Wortes der eigentliche Ur-Beruf von uns allen ist. Alle anderen Tätigkeiten sind, angesichts dieser Aufgabe, als untergeordnet zu betrachten. Diesen Ur-Beruf kann ich immer ausüben, egal wie meine Integration in das Beschäftigungswesen aussehen mag. An dieser Stelle sei an die nachtodliche Entwicklung des Menschen erinnert, die bereits angedeutet wurde; dieses hohe Ziel der Menschheit, Gottes Ebenbildlichkeit im Laufe wiederholter Erdenleben zu erreichen, wie es uns im geistigen Sternenkosmos gezeigt wird: *das liegt in den unterbewussten Seelentiefen aller Menschen als Grundsehnsucht.* Daher freuen wir uns so sehr, wenn Menschen auftreten, die uns hier Vorbild sein können, und daher ist es so wichtig, dass Kinder und Jugendliche Vorbilder finden.

Seelisch-ganzheitlich gesehen gibt es keine wichtigere Arbeit als die Arbeit an der Vervollkommnung seines Menschentums. Kein anderer «Job» ist so spannungsreich und voller Überraschungen wie eine herzhafte Selbsterziehung,[23] denn wir selbst sind das sprödeste Kunstmaterial! Junge Menschen sind manchmal verzweifelt, wenn sie feststellen, dass sie die Welt nicht verändern können, dabei dürfen wir ihnen sagen, dass es doch möglich ist; wir können uns selbst verändern und verbessern: dieses Stück Welt – das wir sind. Das gilt für die Erwachsenen auch, sogar noch mehr, weil dann die peinlichen Projektionen und Schuldzuweisungen unserer Umwelt gegenüber aufhören. Und wenn wir uns verändern, dann verändert sich auch unser Blick auf unsere jeweilige Seelenlage. Ich bekomme neue Augen, um die Welt weiter und tiefer zu sehen: Die bürgerlich-enge Welt, die uns korsetthaft am wirklichen Atmen hindert, wird in uns Stück für Stück abgerissen und Schritt für Schritt neu aufgebaut. Neue Ohren lassen mich tief in die Bedürfnisse meiner sozialen Umwelt hineinlauschen, nicht nur in meine eigenen Wunschvorstellungen, und dadurch steigert sich auch mein Intuitionsvermögen. Schließlich wird mein Wille, wenn er mit einem Spaten verglichen werden darf, mich und meine Lebensumstände derart umgraben können, dass wirklich Neues entstehen kann.

Wie schwierig auch mein momentanes Leben sein mag: Innerlich weiterkommen – das werde ich in der Regel immer können. Das sind die Revolutionen, die die Welt wirklich voranbringen! Das gesunde Fortentwickeln unserer Gesellschaft – weltweit gesehen – liegt im Wesentlichen zuerst in den Händen des Einzelnen und dann in der Bildung von «Welt-Interessen-Gemeinschaften». Der Massenmensch, wovor schon ein Pestalozzi erschauerte, kann nur zur völligen Dekadenz von Kultur und Zivilisation führen. Welche Rolle hier die *Massen*medien spielen, bleibe dem Urteil des Lesenden überlassen.

Wenn mir zunächst also die berufliche «Vorbestimmung» unbekannt bleibt – wenn ich an meiner weiteren Menschwerdung selbst arbeite, dann wird sich auch mein richtiger Weg zeigen. Wir haben es selbst in der Hand: Diese Gewissheit kann Berge versetzen! Denn alle Berufe sind Teil eines einzigen großen Berufes, den gottgedachten Menschen in innerster Freiheit – denn keiner kann uns dazu zwingen – zur Geburt zu verhelfen. Das ist der «letzte Adam», wovon der Apostel Paulus spricht.[24]

Liebe und Partnerschaft

Die Liebe ist die große Unbekannte der Gegenwart. Wie keine andere Seite des Lebens wird sie täglich auf der ganzen Welt millionenfach erwähnt, und doch gibt es kaum eine andere menschliche Kraft, die so gründlich missverstanden wird wie sie. Die Liebe ist einerseits allgegenwärtig, andererseits ist der Mensch oft in seinem Tun und Lassen ihr noch nie so fern gewesen wie in unseren Tagen. Denn Menschenliebe ist weder eine rein körperliche Angelegenheit noch schwebt sie in einem fernen ideellen Himmel, sondern sie entspringt aus den tiefsten Schichten wahren Menschentums. Sie ist, wie alles Leben, Wandlungen unterworfen.

Liebe ist also kein Granitblock, der unverändert die verschiedenen Lebensphasen überdauert, obwohl sie die gleiche Beständigkeit haben kann. Sie ähnelt eher dem beständigen Spiel des Sonnenlichtes in einer vom Wind bewegten Landschaft. Wenn wir «am farbigen Abglanz» das Leben haben, wie Faust sagt, so ist die Liebe in ihrer Farbigkeit das Leben selbst. Und sie kann selbstverständlich auf die ganze Schöpfung ausgedehnt werden. Sie betrifft nicht nur die Urpolarität Frau – Mann.

Gemäß der menschlichen Natur hat sie eine körperliche, eine seelische und eine geistige Seite. Selbstverständlich greifen alle drei Ebenen fortwährend ineinander, wenn auch jeweils anders akzentuiert. Und wie im realen Leben gibt es hier auch Reifes und Unreifes, Reines und Unreines. Ob eine Ebene der Liebe reif oder unreif, rein oder unrein ist, entscheidet ausschließlich die Menge Egoismus und Selbstsucht, die beigemischt sind, niemals die Form der Liebe selbst. Man kann es auch so formulieren: Die Liebe ist eine Kraft, die sich in der vollen Menschennatur dreigestaltig offenbart, obwohl sie sich selbstverständlich in der einheitlichen Seele darlebt.

Die Geschlechtsreife eröffnet dem Menschen die reiche, bedrückend-berückende Welt des Eros. Diese im Wesentlichen körperlich-sinnlich orientierte Liebe ist plötzlich da, quasi ohne unser Zutun. Sie blüht in der Jugend auf und – wie alles Natürliche – erlebt irgendwann auch ihren Herbst. Durchaus problematisch kann hier der sogenannte «zweite Frühling» sein, der sich allzu oft zerstörerisch im Sozialen auswirkt. Da unser Liebesvermögen auf allen drei Ebenen äußerst individuell ist – wie auch unser Liebesbedürfnis –, kann nur jeder hier sein eigener Regisseur sein. Wichtig ist zu wissen, dass der Mensch mehr ist als ein bloßes Naturwesen. Seine Seele ist der Ort seiner Innerlichkeit: Hier leben u.a. Liebe und Hass, Sympathie und Antipathie, Freude und Schmerzen. Dadurch bekommen alle durch die leiblichen Sinne verursachten Erfahrungen einen inneren, seelischen Charakter. Es können aber auch rein innerlich-geistig erzeugte Gedanken, ob Erinnerungen, Sorgen oder Hoffnungen, mächtig auf die Seele einwirken. Aber auch Gedanken der Liebe, einer verinnerlichten Liebe, können hier Platz einnehmen. Das ist dann eine Liebe, die auch in der körperlichen Trennung Bestand haben und in der Entfernung wachsen kann.

Hier eine bewegende Stelle aus dem bereits erwähnten Buch von Viktor E. Frankl, die ein wunderbares Zeugnis einer verinnerlichten, vergeistigten Liebe ablegt: «Während wir kilometerweit dahinstolpern, im Schnee waten oder auf vereisten Stellen ausgleiten, immer wieder einander stützend, uns gegenseitig hochreißend und vorwärtsschleppend, fällt kein Wort mehr, aber wir wissen in dieser Stunde: Jeder von uns denkt jetzt nur an seine Frau. Von Zeit zu Zeit schau ich zum Himmel hinauf, wo die Sterne verblassen, oder dort hinüber, wo hinter einer düsteren Wolkenwand das Morgenrot beginnt. Aber mein Geist ist jetzt erfüllt von der Gestalt, die er in jener unheimlich regen Fantasie festhält, die ich früher, im normalen Leben nie gekannt hatte. Ich führe Gespräche mit meiner Frau. Ich höre sie antworten, ich sehe sie lächeln, ich sehe ihren fordernden und ermutigenden Blick, und – leibhaftig oder nicht – ihr Blick leuchtet jetzt mehr als die Sonne, die soeben aufgeht. Da durchzuckt mich ein Gedanke: Das erste Mal in meinem Leben erfahre ich die Wahrheit dessen, was so viele Denker als der Weisheit letzten Schluss aus ihrem Leben herausgestellt und was so viele Dichter besungen haben; die Wahrheit, dass Liebe irgendwie das Letzte und das Höchste ist, zu dem sich menschliches Dasein aufzuschwingen vermag. Ich erfasse jetzt den Sinn des Letzten und Äußersten, was menschliches Dichten und Denken und – Glauben auszusagen hat: die Erlösung durch die Liebe und in der Liebe! Ich erfasse, dass der Mensch, wenn ihm nichts mehr bleibt auf dieser Welt, selig werden kann – und sei es nur für Augenblicke –, im Innersten hingegeben an das Bild des geliebten Menschen. In der denkbar tristesten äußeren Situation, in eine Lage hineingestellt, in der er sich nicht verwirklichen kann durch ein Leisten, in einer Situation, in der seine einzige Leistung in einem rechten Leiden – in einem aufrechten Leiden – bestehen kann, in solcher Situation vermag der Mensch, im liebenden Schauen, in der Kontemplation des geistigen Bildes, das er vom geliebten Menschen in sich trägt, sich zu erfüllen. Das erste Mal in meinem Leben bin ich imstande zu begreifen, was gemeint ist, wenn gesagt wird: Die Engel sind selig im endlos liebenden Schauen einer unendlichen Herrlichkeit … Ob der geliebte Mensch noch lebt oder nicht: Ich weiß es nicht, ich kann es nicht wissen (während der ganzen Lagerhaft gab es ja weder Briefschreiben noch Postempfang); aber in diesem Augenblick ist es irgendwie gegenstandlos geworden. Ob der geliebte Mensch lebt oder nicht – irgendwie brauch ich es jetzt gar nicht zu wissen: Meiner Liebe, dem liebenden Gedenken, der liebenden Schau seiner geistigen Gestalt, kann das alles nichts mehr anhaben. Wenn ich damals gewusst hätte, meine Frau ist tot, ich glaube, ich hätte ungestört durch dieses Wissen innerlich genauso hingegeben sein können an diese liebende Schau, diese geistige Zwiesprache wäre genauso intensiv gewesen und genauso erfüllend. So weiß ich in diesem Augenblick um die Wahrheit: ‹Setze mich wie ein Siegel auf dein Herz … Denn Liebe ist stark wie der Tod› (*Das Hohelied*, VIII, 6).»[25]

Körperliche Begegnung ist das Wesentliche der natürlichen Liebe und Verinnerlichung das Merkmal der Seelenliebe. Verinnerlichung auch im Sinne von Saint-Exupéry, der es in etwa so formuliert hat: Liebe heißt nicht, in den anderen hineinzustarren, sondern gemeinsam nach vorn zu blicken.

Selbstverständlich schließt das eine nicht das andere aus – es ist nur eine andere Haltung, die im Laufe des Lebens aufgerufen ist, das Ruder in die Hand zu nehmen, soll eine Beziehung – Ehe, freie Partnerschaft, Freundschaft – mit der Zeit nicht Schiffbruch erleiden. Wenn also keine Verinnerlichung in einer auf Dauer angelegten Partnerschaft stattfindet, kann sich die Liebe nicht weiterentwickeln.

Geschieht es also, dass beispielsweise Eros eine Beziehung nicht mehr kitten kann – denn irgendwann wird ein Körper satt –, so kann dennoch ein neuer Aufbruch gelingen. Der offene, ehrliche Dialog ist hierbei ein wunderbares Mittel, das Schiff wieder seetüchtig zu machen – *wenn man nur will.*

Nun berühren wir die Ebene der geistigen Liebe, die allzu oft als eine allzu blasse Angelegenheit betrachtet wird. Liebe ist Kraft: körperlich im Eros, seelisch in der Verinnerlichung und geistig in der Möglichkeit, sich immer neu zu erzeugen. Liebe ist Wille, sie ist Tat – sonst ist sie nur eine Selbsttäuschung oder bestenfalls Vorstufe.

Eine in die Brüche gehende Partnerschaft kann immer – wenn man es wirklich will – neu aufblühen. Das Zauberwort lautet: Initiative!

Damit erreichen wir den eigentlichen Motor all dieser Seelenbewegungen: das Ich des Menschen. Ist das Ich körperlich abhängig, dann wird es zum Sklaven einer einseitigen Sexualität; bleibt es zu sehr im inneren Bereich, ohne das richtige Wort oder die richtige Tat im richtigen Augenblick und ohne den Willen, «gemeinsam nach vorn zu blicken», dann ist es selbstbefangen. Nur im tätigen Willen wird die Liebe zu einer schaffenden Kraft, denn im Ich-Willen lebt nicht nur der krasseste Egoismus – das darf man nie aus den Augen verlieren –, sondern wurzelt auch die stärkste Liebe, die nicht im Tode endet, weil sie dem ewigen Wesenskern entspringt. Diese Liebe, die sich freilich im gesamten Gefühlsleben auswirken kann, ist reiner Wille. Sie bejaht den anderen, sie *will* ihn. Sie will Auswege aus schwierigen Situationen finden, und in ihrer unerschütterlichen Akzeptanz des anderen findet sie immer neue Kraft und immer neue Freude am gemeinsamen Leben. Sie interessiert sich zutiefst für den anderen und vermag Selbstlosigkeit zu entwickeln.

Da sie mit den schöpferischen Kräften unserer spirituellen Dimension, zu der zentral auch Denken und Fühlen gehören, in Einheit lebt, vermag sie wieder neue Substanz der Liebe zu schaffen; denn Liebe ist kein Zustand, den ich mir mit einem Eheschein oder mit einer Familiengründung erhandeln kann. Wenn sie wie Luft ist, muss sie immer wieder erneuert werden, und wenn sie Feuer ist, braucht sie immer neuen Brennstoff. In dieser schöpferischen Bewegung wird sie im Fluss der Lebensereignisse beständig. Ihre Grundsubstanz ist, trotz witterungsbedingten Schwankungen, bodenständige

Treue, weil sie den anderen Menschen zutiefst annimmt. Sie nähert sich dem eigentlichen Mysterium der Liebe, das Novalis mit gewaltig-einfachen Worten einmal zum Ausdruck gebracht hat: «Ich bin Du.»[26] Auf der Stufe des Opfers erreicht sie ihre höchste Kraft.

All das kann sie indessen nur dann zuwege bringen, wenn sie sich in ihrem Lebenselement, in der Freiheit, betätigen kann. Der geistige Ich-Kern kennt nur die Liebe, die aus innerster Freiheit immer neu geboren werden kann. Sie ist einerseits eine Schöpfung aus dem Nichts, denn ich muss sie wollen, gleichsam in mir erzeugen und zur Geburt bringen, und andererseits ist sie Substanz, Geschenk aus göttlich-geistigen Welten. Eigentlich ein Wunder.

Und wenn eine Partnerschaft in eine tiefe Krise gerät? Für den rechten Lebenskünstler nur ein Anlass, etwas Neues zu schaffen!

Jetzt gilt es, seinen Willen in die Hand zu nehmen und Initiative zu ergreifen, statt nur Vorwürfe wie Tischtennisbälle hin und her zu werfen. Die Diagnose der Situation allein wird nichts bewegen, es muss die Therapie, die Tat folgen. Der Wege gibt es viele: Wurde beispielsweise zu wenig *gemeinsam* unternommen, aus welchen Gründen auch immer, dann gibt es Reisen, Ausstellungen, sportliche Veranstaltungen, gutes Essen in einem feinen Restaurant und so weiter; man kann eine ganze

Menge nachholen. Ist der *Verinnerlichungsprozess* nicht intensiv genug gewesen: Neben der Pflege des ehrlichen Dialogs kann man etwas zusammen lesen und dann darüber sprechen, Konzerte besuchen, ins Kino oder ins Theater gehen. Man kann sich *neu* fragen, wer der andere Mensch eigentlich ist. Man lasse sich *neu* seine Biografie erzählen, die Hoffnungen, die Jugendideale. Interesse für den anderen ist hier zentral.

All das wird funktionieren, wenn man es wirklich will. Selbst in der Friedensbotschaft des Evangeliums heißt es nicht, Friede auf Erden den Klugen oder Gescheiten, sondern denen, die guten Willens sind. Diese Engelsbotschaft spricht unmittelbar aus, dass die Kraft der Liebe – und wahre Friedfertigkeit ist eine hohe Form von Liebe – reiner Wille ist, der in tiefen Bereichen zu leben vermag. Liebe ist die eigentliche Substanz unseres ewigen Wesenskernes.

Mit diesem Bereich befinden wir uns mitten in dem pulsierenden Herzen echter Lebenskunst: die Liebe als Mittel, unser Leben täglich neu zu gestalten, und zwar nicht nur in der Frau-Mann-Beziehung. Unsentimental, faktisch – sie kann auch in Worten und Taten sehr streng sein – und als Kraft, alles seinem entsprechenden Maße nach zu lieben. Man darf auch nie vergessen, dass wahre Liebe zum Menschen – geistig und irdisch zugleich gesehen – wichtiger und höher ist als Liebe zum eigenen

Beruf, so notwendig, schön und erfüllend er auch sein mag. Das beherzte Beherzigen dieser Tatsache würde gewiss viele Partnerschaften vor einem Schiffbruch bewahren. Ist dennoch eine Situation unheilbar krank geworden – das gibt es auch –, dann kann eine Loslösung, eine Trennung ein allerletztes Mittel bedeuten, und dann kann es gelingen, nicht die Partnerschaft, aber wenigstens eine gute Beziehung zum ehemaligen Partner aufrechtzuerhalten. Dies ist von größter Bedeutung, vor allem wenn es Kinder gibt. Aber auch hier geht das Leben weiter, und erst die Zukunft wird zeigen, inwiefern die Tat aus dem Besten im Menschen entstanden war.

Tod wird Leben – die christliche Dimension der Lebenskunst

Zu Beginn lautete die erste Frage – angesichts oft bedrückender oder einschränkender Lebensumstände: Lebe ich wirklich – oder werde ich gelebt? Dann kam die Frage nach einer vollmenschlichen Lebenskunst, die uns ermöglicht, das oft spröde «Material» unserer Lebensumstände so zu formen, wie wir es können und vor allem: wollen. Die dynamische Kraft unseres Willens ist hierbei das Werkzeug dieser Kunst, insofern es uns gelingt, bei jeder Situation souverän, ohne Hektik zu handeln. Auf die Möglichkeit freier Handlungen wurde im Verlauf des Buches mehrfach hingewiesen. Soweit es uns gelingt, eine Art Distanz zu uns selbst zu gewinnen, vermehren sich die Chancen, selbst zu bestimmen, wie die Ereignisse letzten Endes auf uns zu wirken haben. Dass ein solcher Prozess auch eine gewisse Zeit in Anspruch nehmen kann, liegt auf der Hand.

Es ist die Zauberkraft des Willens, die aus jedem «Schiffbruch» einen Aufbruch bewirken kann. Denn wie im großen Haushalt der Natur auf den Sommer der Herbst folgt, um später einen neuen Frühling zu haben, so folgt Leben auf Tod und Tod auf Leben, sowohl in den biologischen Auf- und Abbauprozessen unseres Körpers als auch in der Dynamik der Weltgeschichte beim Auf- und Untergang der Kulturen.

Ein hohes, zentrales Ziel aller Erdenevolution ist die Verwirklichung des in uns von der göttlichen Welt veranlagten «neuen» Adams im Laufe wiederholter Erdenleben: die endgültige Realisierung des Ebenbildes Gottes in uns, das jeder menschlichen Individualität als Siegel und Keim vor Urzeiten eingeprägt wurde.

Die tiefe Sehnsucht, *so* zu werden, erweckt in uns unter anderem den Willen, also die Kraft, auch ein schweres Schicksal im nächsten Leben zu tragen, um in seinem läuternden Feuer unserem himmlischen Urbild ähnlicher zu werden. Weisheit und Liebe sind in all dem die Hauptkräfte, die uns diesem Ziele immer näherbringen können. Nach dem Tod werden all unsere Gedanken, Gefühle und Handlungen im Licht der göttlichen Weisheit und Liebe angeschaut und in Impulse der Läuterung verwandelt, wo wir nicht im Sinne des ewig Wahren, Schönen und Guten gelebt haben. Haben wir uns indessen in unserem Willen auf Erden mehr und mehr mit diesem «goldenen Dreieck» verbunden, dann werden unsere entsprechenden Möglichkeiten angereichert, um auf Erden für den guten Fortgang der Welt weiterzuwirken. Es ist die Kraft kosmischer Liebe, die uns durch alle diese Schritte in der geistigen Welt weisheitsvoll begleitet.

Auf Erden selbst gilt es für uns, Suchende nach Wahrheit und Weisheit durch unsere eigensten Ich-Kräfte zu werden und vor allem liebende Menschen. Liebe verstanden als die eigentlich schöpferische Kraft in allen möglichen Facetten vollmenschlicher Lebenskunst.

Ein weiteres, besonderes Zeugnis der Macht der Liebe in der zerstrittenen Welt von heute finden wir in der Autobiografie von Anwar El Sadat, dem 1981 tragisch ums Leben gekommenen Staatspräsident von Ägypten. Als maßgebendem Akteur des Friedensabkommens mit Israel in dem Vertrag von Camp David wurde ihm und Menachem Begin 1979 der Friedensnobelpreis verliehen. Hier seien die entsprechenden Passagen aus dem Hintergrund eines politisch bedingten Aufenthalts im Gefängnis wiedergegeben:

«Zwei Orte in der Welt machen es einem Menschen unmöglich, vor sich selbst davonzulaufen: das Schlachtfeld und eine Gefängniszelle. In der Zelle 54 hatte ich nur mich selbst als Gesellschafter, Tag und Nacht. Und es war nur natürlich, dass ich dieses mein ‹Selbst› nun kennenlernte. Niemals zuvor hatte ich eine solche Gelegenheit, denn ich war stets mit meinem Dienst in der Armee und mit Politik befasst gewesen und vom Strom des Lebens überschnell dahingetrieben worden. Nun, in der völligen Abgeschlossenheit der Zelle 54, in der ich keinerlei Verbindungen mit der Außenwelt besaß – es gab weder Zeitungen noch Radio –, war paradoxerweise das einzige Mittel, meine Einsamkeit zu durchbrechen, die Gesellschaft jener inneren Einheit zu suchen, die ich das ‹Selbst› nenne. Das war nicht leicht ... Kein Problem darf je als unüberwindbar betrachtet werden. Es gibt stets Lösungen. Was uns so denken lässt, ist unser Glaube, dass Gott die Menschen geschaffen hat, um die ihnen bestimmte Rollen zu spielen. Der Gott, der uns geschaffen hat, kann in keiner Weise böse sein: Er ist gut und gnädig. Gott ist ganz anders als jenes Bild, das uns einst ein Scheik in der Koranschule in unserem Dorf zeichnete: als ein übermächtiges und furchterregendes Wesen. Daher darf die ideale Beziehung zwischen Mensch und Gott nicht auf Angst beruhen oder auf Furcht vor Strafe und Hoffnung auf Belohnung, sondern auf einem viel höheren Wert, dem höchsten überhaupt, nämlich der Freundschaft. Der Schöpfer ist gnädig, gerecht und liebevoll, weil er alles geschaffen hat: Wenn du ihn zum Freund hast und mit ihm eine Bindung gegenseitiger Liebe eingegangen bist, dann wirst du stets Seelenfrieden besitzen, geschehe was immer ... Meine Beziehungen zum Universum erhielten eine neue Gestalt, und Liebe wurde zur Quelle all meiner Taten und Gefühle.

Gewappnet mit dem Glauben und vollkommener Seelenruhe bin ich seither selbst durch noch so aufregende Ereignisse niemals mehr erschüttert worden, ob nun im privaten oder im öffentlichen Leben. Liebe hat mich nie im Stich gelassen ... Darum bin ich ein unermüdlicher Anwalt der Liebe. Liebe ist menschliche Sicherheit gegen alle gesellschaftliche Zufälligkeiten. Wer immer in der Liebe lebt, besitzt geistige Fruchtbarkeit. Zu lieben bedeutet zu geben, und zu geben bedeutet aufzubauen, hassen dagegen bedeutet zu zerstören ... Ohne Liebe werden wir niemals das Anderssein anderer erkennen und daher auch gar nicht imstande sein, mit ihnen in Verbindung zu treten; wir verlieren uns dann selbst, da wir das Selbst innerhalb seiner engen Grenzen ersticken. Außerdem wird der Seelenfriede eines Menschen ohne Liebe – und Seelenfrieden ist doch die Hauptkraft des Lebens – ständig ausgezehrt. Die Seele beginnt ihr inneres Gleichgewicht zu verlieren, ein innerer Konflikt entsteht, der niemals endet.»[27]

Ist das nicht ein Beispiel großartig gelebter Lebenskunst?

Menschen-Weisheit, Menschen-Liebe, Willenskraft, Überwinder-Gesinnung, Standfestigkeit, souveräne Ich-Haltung werden mehr und mehr die Mittel, nicht nur mit dem Leben fertig zu werden, sondern es auch zu gestalten, es zum Kunstwerk zu formen. Eine großartige Perspektive hat sich hier eröffnet: Einen neuen Menschen kann ich schrittweise in mir formen, und in diesem Prozess wird gradweise auch unser Leben, unser Schicksal neu gestaltet. Das ist der Beruf der Berufe. Kunstwerk Mensch und Kunstwerk Leben bedingen und fördern sich gegenseitig. Wenn wir es nur wollen.

In diesem letzten Satz liegen die Quintessenz dieses gesamten Komplexes und der Schlüssel, spätestens ab heute der Erdenentwicklung Neues einzupflanzen.

Die Welt konkret zu verändern, dieses zentrale Stück Erde, das wir alle sind. Das hat Ansteckungscharakter! Denn alles, was jeder von uns in seinem Inneren und Äußeren tut, färbt auch auf die soziale Umwelt ab. Jeder Impuls, der in mir lebt, ist eine Kraft, die auf die Mitmenschen wirkt. Nicht auf die Vollkommenheit, die ich möglicherweise bereits erreicht oder nicht erreicht habe, kommt es hier in erster Linie an, sondern auf die Intensität unseres Suchens und Strebens. Sie allein kann wirklich-wirksam Vorbild sein und dies nicht nur für jugendliche Menschen.

Da nun Nichts aus Nichts entsteht im Weltall, müssen wir uns fragen: Wie kommt unser Wille, unser rein menschlicher Wille mit seinen rein menschlichen Möglichkeiten dazu, eine solche Kraft zu entfalten – bildlich gesprochen, Tod in Leben zu verwandeln? Schiffbrüche in Aufbrüche, Enttäuschung in Hoffnung, Vergangenes in Zukünftiges? Außerdem wird jeder, der mehr oder weniger bewusst bereits ein Lebenskünstler ist, früher oder später gemerkt haben: Lebenskunst gibt uns Lebenskraft. Bis in die Gesundheit hinein, im tieferen Sinn angeschaut, wirkt sich echte Lebenskunst aus. Wir werden auf die Dauer «heil»; wir erreichen außerdem mehr und mehr unsere wirkliche Ganzheit: die Durchdringung mit unserem gottgedachten Urbild. Etwas Zerbrochenes, in zwei Teile Auseinandergerissenes wird wieder heil. Der durch den Sündenfall – durch die große Sonderung – bewirkte Ur-Riss in der Schöpfung zwischen Gott und Mensch, zwischen Urbild und Abbild, wird nach und nach aufgehoben.

Ehrliche, gründliche Selbsterkenntnis sagt hier: Menschenkräften allein ist dies nicht möglich. Denn alles, nicht nur der Körper, ist zunächst tod- und materieverhaftet. Selbst unsere Gedanken des Göttlichen sind oft zunächst nur blasse Schatten im gleißenden Licht materieller Wirklichkeit.

Hier führen diese Darstellungen naturgemäß in eine christologische Betrachtung, denn Er ist es, der Mensch gewordene Logos, der Christus, das schöpferische Wort vom Urbeginn, durch das alles entstanden ist und zu dem alle Schöpfung hintendiert, das diese Gewalt hat. Er, der zu Recht als der Heiland angesprochen wird, hat jedem Menschen die Schlüssel zum Himmelreich gereicht. Sie sind in den unauslotbaren Tiefen aller Menschenseelen zu finden. Und wer anfängt, ihn zu suchen, ergreift in diesem Moment zugleich die Schlüssel, die ihm den Weg zu unserer wahren Dimension, zu dem Himmelreich in uns, eröffnen. Und was findet er da? In Christus und in sich selbst zugleich erfährt und erlebt er Abbild und Urbild in unsagbarer Vereinigung. Das eben Gelesene mag vom skeptischen Leser lediglich als eine Glaubensüberzeugung beurteilt werden oder als konfessionell – als dogmatisch bedingtes Bekenntnis. Es ist aber anders gemeint.

Dass eine göttliche Kraft die Welt nach Vernunftgesetzen geformt hat oder dass sich in der Harmonie der Naturgesetzlichkeit eine überlegene Vernunft offenbart, kann von jedem besonnen-vernünftigen Menschen nachvollzogen werden, ob er sich als religiös bezeichnet oder nicht, welche Vokabeln er verwendet oder scheut. Dass aber eine göttliche Macht durch einen Menschen und in einem Menschen wirkte und den Tod überwand, um sich mit der Erde und mit jedem einzelnen Menschen zu verbinden, das zu verstehen, dazu reicht das gewöhnliche, diskursive Denken nicht. Nur ein gesteigertes Denken, durch einen Akt freier und souveräner Herzensintuition, kann uns hier heute den Zutritt gewähren. Das, was man heute im Sinne traditioneller Glaubenskraft für wahr halten kann oder muss, weil man es nicht versteht, wird hier eine selbstevidente Wirklichkeit. Eine Wirklichkeit, die aus innerer Freiheit und Intuition heraus erfahren wird. Das ist der tiefere Grund, warum es, streng historisch betrachtet, keine schlüssigen Beweise gibt, dass Jesus von Nazareth überhaupt gelebt hat: Die eigentliche «Beweisführung» kann hier nur im frei-erkennenden Ich stattfinden. Es wird dann zur lebendigen Erfahrung, was der Auferstandene nach Matthäus am Ende seines Evangeliums sprach: «Nun ist mir alle Schöpfermacht übergeben im Himmel und auf der Erde ... Und siehe, ich bin in eurer Mitte alle Tage bis zur Vollendung der Erdenzeit.»

Wenn er also in unserer Mitte ist, so kann er auch, wie uns der Evangelist Johannes dem Sinne nach sagt, von jedem Menschen in sich erlebt werden. Und wenn ihm Schöpfermacht eigen ist, dann kann es nur heißen, dass durch ihn eine neue Kraft in das Gefüge von Mensch und Erde eingezogen ist, welche, wie Johannes in der Apokalypse schildert, aus der alten Erde eine neue – das «himmlische Jerusalem»[28] – entstehen lassen wird. Hier verstehen wir auch, dass es Christen gegeben hat, die den Christus als «Herrn der Elemente» erkannten, der auch in Erde, Wasser, Luft und Feuer erlebt werden kann: «Righ nan Dul» nannten die iro-schottischen Christusboten den auferstandenen Christus. In Sonnenauf- und

-untergängen, in allem Naturgeschehen, im großen Atem des Kosmos erlebten sie nicht nur eine allgemeine Weltseele oder einen Weltengeist, wie in heidnischen Zeiten üblich, sondern auch den, den sie als Sonne auf ihren Hochkreuzen darstellten. Es ist diese Sonne selbst, die seit der Jordantaufe ihren Menschheitsweg zu gehen begann, was aber heißt, unsere spröde, todverhaftete Menschennatur in eine lebendig-unsterbliche zu verwandeln. Das ist sein Wille, und diesen Keim hat er jedem Menschenwesen eingepflanzt, im Norden wie im Süden, im Westen wie im Osten. Die gänzliche Verwandlung unserer sterblich-hinfälligen Natur in eine leuchtend todüberwindende wird in uns durch ihn mehr und mehr greifbare Realität. Der Tod verliert zunehmend seine Schreckensgestalt und wird Vorstufe des großen «Kunstwerks» – des neuen Menschen.

Er weckt in uns das in der Tiefe schlummernde Urbild des wahren Menschen.

Er, der von sich selbst sagte, dass er der Weg, die Wahrheit und das Leben ist, wird in jedem von uns Weg, Wahrheit und Leben. Er, der seinen Jüngern sagte, dass sie die Wahrheit erkennen werden und dass die Wahrheit sie frei machen wird, ist der höchste Genius der Freiheit, denn er ist selbst die Wahrheit. Und wenn er sagt – das alles findet sich in den Evangelien –, dass die Liebe das ganz Neue ist, so kann uns die Ahnung mehr und mehr zur Gewissheit werden, dass die Liebe – seine Liebe – die Kraft ist, die zu Ostern den Tod überwunden hat. Wahrheit, Weisheit ist die Intelligenz Gottes und Liebe seine Handlungsweise, sein tätiger Wille. Dies alles wurde in ihm Mensch und begleitet seitdem die Menschheit und die ganze Schöpfung auf dem Weg ihrer zukünftigen Verwandlung in «einen neuen Himmel und in eine neue Erde»,[29] wie es in der Apokalypse des Johannes heißt, in der der Mensch gewordene Logos-Christus «alles neu» macht.

Diese *überkonfessionelle* Macht ist es, die uns auf die Dauer die Kraft gibt, alle unsere Lebensumstände «neu» zu machen. Ich meine, sie auch im Juden Viktor E. Frankl und im Moslem Anwar El Sadat entdeckt zu haben. Und das kann schon heute beginnen und jeden Tag aufs Neue.

Und wenn man von Christus zu wenig oder bisher gar nichts gehört hat? Vorausgesetzt man fühlt das Bedürfnis, sich mit ihm zu beschäftigen, dann kann man das Neue Testament immer wieder in die Hand nehmen oder Schriften echter Mystiker und nicht zuletzt die aufschlussreichen Forschungsergebnisse Rudolf Steiners.[30] Ein meditatives Lesen, ein gesteigertes Denken kann uns in seine Sphäre in voller Bewusstseinsklarheit einführen, deren Keim in uns ruht und deren Kraftentfaltung unserem freien Willen anheimgestellt ist. Selbstverständlich kann auch das Erleben eines echten christlichen Kultus konkrete Wege zu ihm bahnen. Es mag gewiss auch lange dauern – wichtig ist allein, dass wir uns auf den Weg machen. Man wird eine Weisheit erfahren, die täglich Liebe werden kann. Je nach Verfassung kann dies als Glück oder als Gnade erlebt werden – oder beides.

Eine weitere Entdeckung, die auf diesem Wege gemacht werden kann, ist die, dass uns mehr und mehr eine neue Frische und Spontanität im Umgang mit dem Leben zuwächst. Wir gewinnen einerseits an Erfahrung, aber andererseits auch an Unvoreingenommenheit dem gegenüber, was uns zustoßen mag. Denn wir werden zunehmend Selbstgestalter unseres Schicksals. Wer das Spiel eines Kindes beobachtet hat, kann vom Ernst des Spielens sprechen. Spielend gestaltet und umgestaltet das Kind fortwährend seine Umgebung. Frische, Spontanität, Unvoreingenommenheit, Lebensgestaltungskraft: Das ist das neue Kind-Sein, wovon zu Beginn die Rede war. Wir erfahren dadurch eine echte Verjüngung. Lebenskunst wird innere Jugendkraft. Der heutige Jugendwahn ist, tiefer gesehen, eine verzerrt-karikaturhafte Antwort auf die tiefe Sehnsucht eines jeden Menschen, in sich den Born ewigen Werdens zu finden, der sich in Christus mit dem Schicksal der Menschheit und mit jedem von uns verbunden hat.

Zum Abschluss dieses Kapitels möchte ich noch einmal Jacques Lusseyran zu Wort kommen lassen, denn was er als Häftling in Buchenwald durch eine Krankheit erfahren hat, weist genau auf jene todesüberwindende Macht hin, wovon zuvor geschrieben wurde:

«Ich erlebte die Phasen der Krankheit mit, erlebte sie klar mit. Ich sah, wie ein Organ meines Körpers nach dem anderen abschaltete oder die Kontrolle verlor: zuerst die Lungen, dann die Gedärme, dann die Ohren, alle Muskeln und schließlich das Herz, das sich nur noch ungenügend zusammenzog und ausdehnte, mich mit einem einzigen gewaltigen Geräusch erfüllte. Was ich hier sah – ich wusste genau, was das war: Mein Körper schickte sich an, diese Welt zu verlassen. Er wollte nicht ohne Weiteres hinübergehen. Er wollte überhaupt nicht hinübergehen. Ich spürte das an den Schmerzen, die er mir schuf. Er wand sich nach allen Richtungen, wie es Schlangen tun, die man durchgeschnitten hat.

Habe ich gesagt, der Tod sei schon bei mir gewesen? Habe ich es gesagt, so war das allerdings ein Irrtum. Krankheit, Schmerz, ja, aber nicht Tod. Im Gegenteil – das Leben, erstaunlicherweise das Leben hatte ganz und gar von mir Besitz ergriffen: Ich hatte noch nie so intensiv gelebt.

Das Leben war eine Substanz in mir geworden. Sie drang mit einer Kraft, die tausendmal stärker war als ich, in meinen Käfig ein. Sie bestand nicht aus Fleisch und Blut – oh, gewiss nicht! –, nicht einmal aus Ideen. Sie kam wie eine hell schimmernde Welle, wie eine Liebkosung von Licht auf mich zu. Ich konnte sie jenseits meiner Augen und meiner Stirn, jenseits meines Kopfes wahrnehmen. Sie berührte mich, schlug über mir zusammen; ich ließ mich auf ihr treiben. Aus der Tiefe meines Erstaunens stammelte ich Namen, oder nein, ich sprach sie sicher nicht aus, sie erklangen von selbst. ‹Vorsehung, Schutzengel, Jesus Christus, Gott.› Ich versuchte nicht, nachzudenken …» Es war «*das* Leben, das mein Leben schützte. Der Herr hatte Mitleid mit dem armen Kerl, den er hier so hilflos liegen sah … Ich lebte langsam wieder auf. Und als eines Morgens einer meiner Nachbarn (ich erfuhr später, dass er Atheist war, und glaubte, richtig zu handeln) mir ins Ohr brüllte, dass ich keinerlei Aussicht mehr habe, davonzukommen und es besser sei, mich darauf vorzubereiten, lachte ich ihm als Antwort mitten ins Gesicht. Er verstand dieses Lachen nicht, doch er vergaß es niemals.

Am 8. Mai verließ ich das Revier auf meinen zwei Beinen. Ich war vom Fleisch gefallen, war verstört, aber ich war gesund. Ich war außerdem so glücklich, dass mir Buchenwald ein annehmbarer oder zumindest möglicher Ort schien. Wenn man mir kein Brot zu essen gab, würde ich mich von Hoffnung nähren.»[31]

Zwei Wege der Meditation

Zuvor wurde das Wort «meditatives Lesen» genannt. Was aber ist Meditation, dieser derzeit fast inflationär gebrauchte Begriff wirklich? Für den Lebenskünstler, für uns alle kann die rechte Meditation der Ort fortwährender Inspiration werden. Ein Kraftreservoir wird dadurch aufgebaut, das uns in jeder Lebenslage zur Verfügung steht. Nicht zuletzt wenn es darum geht, richtige Entscheidungen zu treffen, d.h. intuitionsfähiger zu werden.

Das lateinische «Meditari» heißt so viel wie: «nachsinnen», «regelmäßig üben». Im Mittelalter sprach man in diesem Zusammenhang nicht nur von «meditatio», sondern auch von «ruminatio», d.h. vom Wiederkäuen an der Krippe des Herrn – keine abwegige Charakterisierung, bestand doch das Meditieren, was oft ins Gebet überging, im inneren Aufnehmen und Verarbeiten von religiösen, hauptsächlich von biblischen Inhalten. Heute ist das Wort Meditation fast ein Modewort geworden. Das Meditieren entspricht einem tief liegenden Bedürfnis, Augenblicke der Besinnung und der inneren Entspannung zu finden. Gewiss auch in dem Bestreben, nicht ständig gelebt zu werden.

Mit Meditation wird heute ziemlich viel bezeichnet: meditative Musik, Meditationsbilder, ein anspruchsvoller Text oder kirchliche Besinnungsstunden. Viele Zeitgenossen verstehen unter Meditation Übungswege aus dem Osten und aus der buddhistischen Tradition, wie beispielsweise Yoga und Zen. Das Meditieren, verstanden als eine innerlich-beschauliche Seelentätigkeit, als Schaffung eines inneren Ruheraums abseits von den vielfältigen Sinneseindrücken, ist schlechthin eine menschliche Angelegenheit. Tiere, den Reizen der Umwelt restlos ausgeliefert und in der Regel von ihren sicheren Instinkten geleitet und bestimmt, brauchen nicht zu meditieren, um beispielsweise den Alltag besser zu meistern oder um einer spirituellen Erleuchtung teilhaftig zu werden. Noch sind sie im großen Kreislauf der Natur eingebettet; was sie brauchen, um ein ihnen gemäßes Leben zu führen, haben sie schon, soweit sie nicht durch Züchtung und Überzüchtung von uns verdorben wurden. Wir haben im Gegensatz ein großes Bedürfnis, beispielsweise bewusst in Bildern oder in Klängen zu leben. Man kann sogar sagen, dass jeder Mensch im Grunde genommen die Vorstufen echter Meditation schon beherrscht: Die Art wie ein Kind Märchen aufnimmt und ihre Bilder und Inhalte verarbeitet – wiederkäut –, geht schon in die Richtung unbewussten Meditierens. Oder wenn wir in der Erinnerung auf ein besonderes

Erlebnis zurückblicken oder an einen uns nahestehenden Menschen denken, meditieren wir eigentlich schon. Aber auch im Betrachten, im Aufnehmen eines Kunstwerkes leben wir bereits in unserem eigenen Innenraum. Und das braucht der Mensch. Denn jeder weiß, wie problematisch ein ständiges Zusammensein mit Menschen erlebt werden kann, wenn keine Möglichkeiten des Sich-Zurückziehens vorhanden sind. Das ist auch Bestandteil der Lebenskunst.

Meditation kann uns aber nicht nur eine willkommene Entspannung verschaffen, sondern auch eine Stärkung unserer gesamten Natur. Sie kann in uns heilende Kräfte aktivieren, aber auch unter Umständen negative hervorrufen, weil sie mehr und mehr Zugang zu den Tiefen unserer Seele gewinnt, in denen Licht und Schatten sehr nahe beieinander wohnen – hier ist höchste Wachheit angesagt. Meditieren kann uns charakterlich verändern und spirituelle Erleuchtungen bewirken – sowohl positiver wie negativer Art.[32]

Das Angebot an Meditationspraktiken ist heute allerdings kaum überschaubar. Wie kann man sich da zurechtfinden? Aus meiner jahrzehntelangen Erfahrung auf dem Gebiet möchte ich im Folgenden einige Gesichtspunkte anführen, die lediglich als eine freie Anregung gedacht sind. Denn es muss jeder selbst bestimmen, welchen Weg er gehen will. Die Zeiten der

Bevormundungen sind eigentlich restlos vorbei – ob kirchlich, durch einen Guru oder sonst wie. Hier geht es darum, zu schauen, was mich im Zusammenhang mit Lebenskunst in meinen Bemühungen fördern und was ich einfach frei anwenden kann. Der Aspekt der *Vertiefung und Verstärkung* unserer inneren Kräfte wird jetzt im Mittelpunkt stehen.

Unser Leben pendelt fortwährend zwischen Innen und Außen. Außenwelt und Innenwelt sind die beiden Stützen unseres bewussten Lebens. Vielfältige Sinneseindrücke dringen in uns ein und genauso vielfältig antworten unsere Gedanken, Gefühle und Willensimpulse. Wir können zu einer bestimmten Tageszeit – oder wann es möglich ist – diesen Mahlstrom unterbrechen, um uns einige Augenblicke innerer Ruhe zu verschaffen. Hierbei ist es ganz wichtig, auf den eigenen Bewusstseinszustand zu achten: Sind wir zu sehr gehetzt, durchwühlt, dann dauert es eine Weile, bis wir uns einem gewissen Meditationsinhalt widmen können.

Soll man liegen oder sitzen? In einer freien Meditation ist es gleichgültig. Die Hauptsache ist, dass man ganz wach bleibt. Man kann dann zur Ruhe kommen, wenn man versucht, ein paar Minuten regelmäßig zu atmen oder seine Aufmerksamkeit und seine Gedanken einem vor uns liegenden Gegenstand zuzuwenden. Sehr hilfreich ist es, an einen lieben Verstorbenen zu denken, der uns dann etwas Frieden schenken kann. Der Gegenstand der Meditation kann ein äußerer oder ein innerer sein, beispielsweise eine Pflanze, ein Spruch oder ein Bild.[33]

Beide Wege stärken unsere Fähigkeit, im gegebenen Augenblick, wo unsere Lebenskunst gefragt ist, die «Farbe» richtig aufzutragen oder den richtigen Ton zu finden. Wir werden dadurch intuitionsfähiger, weil wir zu Kräften und Energien Zugang finden, die wir zur künstlerischen Bewältigung des Alltags mehr und mehr brauchen. Wir leben nun mal in einer Gegenwart, in der kein einziger mündiger Mensch ohne eine Art Selbsterziehung in seiner inneren Entwicklung wirklich weiterkommt. Die Gefahr, dass man nur sich selbst ständig wiederholt, ist besonders groß, nicht nur in der Politik, sondern auch und gerade in den vielen Krisen auf mikrosozialer Ebene. Meditation gehört zentral zur Lebenskunst dazu.

Man nehme also eine Pflanze, stelle sie vor sich hin und schaue sich genau ihre Beschaffenheit an: ihre Konsistenz, ihren Duft, ihre Farben und ihre Form. Allein diese ruhige Betrachtung ist eine Wohltat. Man konzentriere sich jetzt beispielsweise – man kann es auch anders machen – auf die Form. Jeder weiß: Form – jede Form – ist das Ergebnis einer Bewegung. Welche Bewegungen liegen der spiraligen Anordnung der Blätter, ihren geometrischen Formen zugrunde? Form kann wiederum nur aus Form entstehen bzw. aus einem Formenden: Wo liegen diese Kräfte? Gewiss nicht in der Erdscholle: Sie gibt Stütze und Teil der Nahrung. Diese formenden Kräfte, die Rudolf Steiner «ätherische Bildekräfte» nennt oder auch schlicht «Lebenskräfte»,[34] wirken wie aus einem kosmischen Umkreis die ganze Naturwelt gestaltend und umgestaltend, wie Goethe sagen würde, dem diese Kräfte zur Erfahrung wurden. Seine Botanik ist sonst nicht zu verstehen.

Wenn wir uns so *mit ganzer Seele* mit diesem Gedanken und mit der Pflanze verbinden, können wir unmittelbar die Frische und die Kraft dieser Energien spüren. Wir nehmen sie auf. Sie üben eine heilende Wirkung aus. Wir werden durch eine solche Übung innerlich aufnahmefähiger und infolgedessen reicher: Die lebenskünstlerischen Mittel gewinnen an Gediegenheit, zumal auch die Empathiefähigkeit merklich zunimmt. Zentral ist hier, dass die erwähnten Gedanken einleuchten. Wenn nicht, sollte man andere wählen, mit denen man sich eher verbinden kann. Denn jegliche Autosuggestion ist hier von Übel, weil sie eine Lüge ist. Manch eine moderne Meditationstechnik hat viel mit Autosuggestion zu tun, sie kann dann logischerweise nur zur Unwahrhaftigkeit führen.

Haben wir jedoch zu einem solchen Gedanken ehrlichen Zugang gefunden – eine Ahnung ist auch schon ein richtiger Anfang –, dann kann in uns ein Erlebnis entstehen, das Albert Steffen in einem Werk mit dem bezeichnenden Titel *Pilgerfahrt zum Lebensbaum*[35] wie folgt schildert:

«Ich sah, wie die Pflanze keimt, wächst, blüht und Frucht trägt, um aus dem Samen immer wieder neu zu erstehen, durch ein ganzes Weltenalter hindurch, nach Naturnotwendigkeit, und wie sie dabei die Erde mit dem Himmel verbindet. Ich entdeckte in der Anordnung der Blätter, in der Formung der Blüten, im Emporsteigen und Verdunsten der Wassermenge, im Erblühen und Erbleichen der Farben einen vielfältigen Rhythmus: Töne, Kontrapunkte und Akkorde. Reigen ungezählter Geister. Ich musste mir sagen, dass es zu der irdisch sichtbaren Pflanzenwelt bisher wirklich nur ungenügende Texte gegeben hat. Wenn Köche, Gärtner und gelehrte Professoren, wenn Systematiker wie Linné und Maler und Zeichner wie meine künstlerischen Ratgeber mir ihre Weisheit vermittelten, so vernahm ich dadurch nur das Oberflächlichste. Die Götter selbst mussten mir die Blumensprache dichten und vertonen. Die Symphonie konnte nur aus dem Übersinnlichen geholt werden.

Die geheime Eurythmie, die nach Sphärenharmonien das Wachsen und Welken, das Formen von unten her und Lösen nach oben hin, das Drehen nach dem Licht der Sonne, das Streben nach dem Mittelpunkt der Erde, das Winden nach dem Gange der Planeten, unaufhörlichen Farben und Figurenwandel bewirkt, konnte ich nur mitmachen, wenn ich mich als Wesen hingab, das sich selbst als etwas erfasst hatte, das ähnlich der Urpflanze war, d.h. als ewige Entelechie, jenseits von Geburt und Tod.»

Die Welt kann sich wirklich nach und nach unserem schauenden Sinnen und Denken eröffnen. In dieser Passage von Albert Steffen wird das Wort «Entelechie» ausgesprochen. Aristoteles ist der Urheber dieser Bezeichnung: Entelechie, das, was in sich das Gesetz, das Ziel – *telos* – seines Werdens hat. Rudolf Steiner sagt in seinem epochemachenden Buch *Die Philosophie der Freiheit*, das in keiner Werkstatt der Lebenskunst fehlen dürfte: «Jedes Wesen hat seinen eingeborenen Begriff (das Gesetz seines Seins und Wirkens)».[36] Das ist der an früherer Stelle bereits charakterisierte ewige Wesenskern des Menschen, der durch Tode und Geburten schreitet, immer die Früchte und die Aufgaben für jedes neue Leben in sich tragend. Auch die Meditation kann uns helfen – neben dem praktischen Tun im Alltagsleben – diese unsere Entelechie mehr und mehr zu erwecken.

Sehr wirksam können auch Spruchmeditationen sein. Man nimmt ein Gedicht, einen Spruch, den man inhaltlich nachvollziehen kann, den man in seiner Bedeutung *mit seinem denkenden Ich und mit ganzer Seele durchdringt.* Denn man sollte sich keiner Meditation mit voller Seele hingeben, keinem Spruch, keinem Bild, die man mit den Mitteln unseres Verstandes und unseres Gefühles nach und nach nicht einsehen, nicht verstehen kann. Man nimmt also einen solchen Spruch, wie beispielsweise folgenden, der uns gleich eine wahre Perspektive des Weges nach Innen eröffnen kann: «Ich empfinde mich denkend eins mit dem Strom des Weltgeschehens.»[37]

Man frage sich hier zuerst, was unser Denken für uns Menschen für eine Bedeutung hat, man denke an den großen Strom des philosophischen Denkens im Laufe der Weltgeschichte oder an die immer wieder zu erlebende Tatsache, dass erst das Denken uns die Wahrheit der Welt erschließt. Ohne das innere «Wissen» über die Welt, das uns unsere Gedanken vermitteln, bliebe sie für uns immer dunkel: Erst ein helles, klares Bewusstsein kann heute gleichsam an den Wundern unserer natürlichen Welt teilhaben. Vielleicht hat man sogar schon einmal festgestellt, dass man bei einem Sonnenuntergang oder in den Bergen ein unsagbares Kommunionserlebnis hatte: Es ist dann unser tieferes Denken, *das in Einheit mit Gefühl und Wille gleichsam unisono* schwingt und uns, angesichts der Wunder dieser Welt, etwas vom gemeinsamen kosmischen Ursprung ahnen lässt; Mensch und Welt erscheinen dann als die zwei Seiten *einer* Wirklichkeit.

Man erlebt jene Wahrheit, zu deren Verständnis auch das tiefe Meditieren des folgenden Spruches anregen kann:

> Willst du dich selbst erkennen
> Blicke in der Welt nach allen Seiten.
> Willst du die Welt erkennen
> schau in alle deine eigenen Tiefen.[38]

Hier ist kein Platz für jene «Nabelschau», die oft für Selbsterkenntnis gehalten wird und uns folglich nur umso mehr in unsere selbstbezogenen Tiefen verstrickt.

Es ist mir durchaus bewusst, dass die eben angeführten Meditationen zunächst nicht einfach sind – sie sind aber sehr wirksam. Man kann natürlich gleichsam zwecks besinnlicher Entspannung auch einfachere Texte meditieren. Gedichte sind hier sehr geeignet. Einige Anregungen in dieser Richtung finden sich auch im letzten Kapitel dieses Buches.

Beim Meditieren kommt es immer darauf an, was für ein Ziel man sich selbst steckt, was man also damit beabsichtigt: Entspannung, Kräftigung oder gar einen spirituellen Fortschritt, denn das bestimmt naturgemäß die Auswahl der Übungen.

Im Zusammenhang mit dem im vorigen Kapitel Ausgeführten können uns die Evangelien eine unerschöpfliche Quelle wahrer Meditationsinhalte werden.[39] Selbst den eigenen Willen, diesen zentralen Bereich der Lebenskunst, können wir durch Meditation wesentlich intensivieren. Hier eine wirksame Meditation, die zur täglichen Übung werden kann:

> Sieghafter Geist
> Durchflamme die Ohnmacht
> Zaghafter Seelen.
> Verbrenne die Ichsucht,
> Entzünde das Mitleid,
> Dass Selbstlosigkeit,
> Der Lebensstrom der Menschheit,
> Wallt als Quelle
> Der geistigen Wiedergeburt.[40]

Das Leben beginnt heute – Ausblick

Dem aufmerksamen Leser wird nicht entgangen sein, dass hier, neben praktischen Hinweisen und Anregungen, hauptsächlich auf eine Gesinnung, Grundeinstellung dem Leben – dem Schicksal – gegenüber immer wieder hingewiesen wurde. Es ist der Wille, das Streben nach Überwindung. Das Überwinden-Wollen ermöglicht erst jene Lebenskunst, die uns praktisch in den Stand versetzt, allem, was uns begegnet, Schönem und Hässlichem, Freudigem und Schmerzlichem, unsere eigenste Prägung zu geben. Schrittweise verwandeln wir die Welt, so wie das Getane uns auch wiederum verwandelt.

In diesem ständigen Prozess lernen wir auch mehr und mehr, wenn wir den Mut zur rechten Selbsterziehung aufbringen, etwas von dem zu erfahren, was wir wirklich sind – nicht nur irdisch, sondern auch kosmisch. Wir erfahren zunehmend «das Gesetz unseres Seins und Wirkens», das zentral mit der Bildung eines neuen Menschen im Laufe wiederholter Erdenleben zu tun hat: die Realisierung des gottebenbildlichen Menschen in uns. Der Schöpfer und Träger dieses Urbildes selbst wurde Mensch, trug mit unser Schicksal bis zur bittersten Neige, und auf Golgatha *überwand* er den Tod und verwandelte auch den Menschen Jesus, in den er bei der Jordantaufe eingezogen war. Dadurch wurde er zum Schöpfer einer neuen Welt, wie sie uns der Apokalyptiker im Bilde des himmlischen Jerusalem zeigt. Eine Welt, die ohne einen «neuen» Menschen nicht entstehen kann. Am Anfang dieses tiefsinnigsten Buches der Christenheit gibt der auferstandene Menschensohn dem Seher Johannes Weisungen. Zuerst richten sich diese Weisungen an sieben kleinasiatische Gemeinden. Jedoch wird hier und in den späteren Kapiteln, wenn auch in sehr verschlüsselter Form, die ganze Weltgeschichte aufgerollt.[41] Immer wieder, im Zusammenhang mit Zielen, die es zu erreichen gilt, taucht die Formel auf: «wer überwindet ...». Überwindung erweist sich als die apokalyptische Tugend schlechthin: Durch unseren Willen – durch Überwindungen – werden wir ja immer mehr Selbstgestalter unseres Schicksals, und auf diesem Weg kann sich uns unser wahres Wesen offenbaren.

Apokalypse heißt buchstäblich Offenbarung; offenbart sich dem Seher Johannes das Werden von Mensch und Erde im Lichte des Auferstandenen, so kann jeder Mensch heute seine eigene Apokalypse erfahren: die Offenbarung – die gleichzeitig unser «Kunstwerk» ist – unserer wahren spirituell-göttlichen Natur. Unser Werk einerseits und Gnade andererseits. Es ist kein Widerspruch, denn Gott rechnet mit dem freien Willen des Menschen.

Auch unsere Gegenwart wird oft als eine apokalyptische bezeichnet, zunächst wegen der Katastrophen, die immer wieder Teile der Erde heimsuchen. Was offenbart sich beispielsweise in den kriegerischen Katastrophen unserer Gegenwart, die auch von Menschen entfesselt werden, die fortwährend das Wort «Gott» im Munde führen und letzten Endes nur die eigenen egoistischen und menschenverachtenden Ziele im Blick haben? Man sollte komplexe Zusammenhänge nicht vereinfachen, aber eines ist klar: In einer Zeit fortwährender Emanzipation des Individuums aus familiären, staatlichen, religiösen Bindungen und in der staatliche, religiöse oder sippenbedingte Zwänge das Rad der Geschichte oft mit kriminellen Mitteln zurückdrehen wollen, sehen wir mit bloßem Auge die Dekadenz aller Kollektivität. Das Kollektive hat im Laufe der Geschichte die Entwicklung des Individuums begleitet und unterstützt: Heute ist es widermenschlich geworden. Der gesunde Fortgang unserer Evolution kann nur von Individuen bewirkt werden – von Frauen und Männern –, die in sich die Quelle ihres Schaffens entdeckt haben, aus welcher Religion oder sonstiger Überzeugung sie auch kommen mögen. Die in sich die hohe Würde des Menschen, aber auch der Natur entdeckt haben und fördern und stärken möchten: als Eltern, Erzieher, Lehrer, Priester, Wissenschaftler, Politiker, Künstler, Landwirte und so weiter – als Menschen schlechthin, ob als Individuum oder als Gemeinschaft. Menschen, die unter Umständen auch immer mehr zu ihrer wahren spirituellen Dimension erwachen, einer Dimension, die gleichermaßen Himmel und Erde umfassen kann, und die wissen, dass die wirkliche Weltverwandlung erst dort beginnt, wo man sich selbst – und dadurch die Welt – jeden Tag aufs Neue gestaltet. Das ist die vollmenschliche Lebenskunst, die in diesen Seiten von Anfang an gemeint ist – oder auch der Beruf der Berufe. Wer das wirklich will und spätestens damit sofort beginnen möchte, wird bestätigen können: Das Leben beginnt heute!

Ostern

Im Geisteskampf
mit Untergrundgewalten
erhebt sich
ein rötlich schimmernd Licht
Christus segnet dich.

Der Lanzenstoß

Longinus sah Wasser und Blut
sich in Rosen verwandeln
als er
den Menschensohn
traf.
Er sah
Himmel und Erde
im Golde erglühn
als der Gottessohn
starb.

Rosenkreuz

In der reinen Rosen Licht
leuchtet Christi Angesicht

und des Kreuzes Todesnacht
wird des Herzens Lebensmacht.

Opfer

Die Kerze
hoheitsvoll
verbrennt
sich selbst
und gibt
dir
Licht.

Der Schmerz der Welt

Ich traf ihn
mitten in der Nacht:
Den Schmerz der Welt.
Die Augen klar
die Haltung fest
und tiefe Wunden
überall.
Ein Mantel weit
so leicht wie Luft
und Schritte schwer:
der Schmerz der Welt
war plötzlich da
und sah mich an.
Mitten in der Nacht.

Ich fasste Mut
gab ihm die Hand
und hielt die seine
fest.
Und sagte dann:
Verlass mich nicht,
in Dir – bin ich.

Ostern in den Elementen

Scharen von Geistern
in jubelndem Schwung
vom Winde bewegt
im luftigen Tanz

erscheinen am Tag
in Wolken von Licht
beleben die Flur
befeuern die Luft.

sie hören den Gott
das schaffende Wort:
und ahnen die Welt
verwandelt in Stern.

Frühjahrsstimmung

Fernes Glockengeläute
am frühen
Sonntagmorgen.

Des neuen Jahres
erste
steigende Lerche.

Regsame Zweige
in der blauen
offenen Luft.

Fernes
Glockengeläute,
Friede und Glück.

Erde

Die Erde
erhebt sich
im Wachsen
der Gräser
im Dufte
der Krume.

Sie hebt
sich hinauf
in die Höhe
der Äther
im Dufte
der Blume.

Das Korn

Vom Sinn der Erde
erzählt das Korn
vom Licht der Welt
der bunte Flor:

Hoch ragen die Gräser
vom Winde bewegt
hell leuchten die Körner
im schimmernden Gold:

Die Erde ist gut
die Erde ist Brot
dem Himmel verwandt
die dunkle Kreatur:

Vom Sinn der Erde
erzählt das Korn
vom Licht der Welt
der bunte Flor.

Musik

In der Augustsonne
im linden Lufthauch
wenn die Straßen in der Hitze glänzen
und aus den fernen Feldern des Erinnerns
sich im Fluge erheben
Rufe der Kindheit
spür' ich im Atem
das Wesen der Zeit
das in leichten Wellen
die Luft erfüllt
mit Tönen
aus Gold.

Sommerhimmel

Heute am Sommerhimmel
die Wolken schauend
am westlichen Rande
eines Regentages
sah ich Formen
vorübereilen
sah ich Rosse
von Göttern gelenkt
sah ich Farben
im Golde verglühn
und suche im nahenden Dunkel
Wolken und Farben
Götter und Licht
und ahne den Traum
der kommenden Nacht:
die Erde – ein Stern

Erfüllung

Wenn die Schale
voll ist
tänzelt sie
nicht mehr
im Wind.

Anmerkungen und Hinweise

1 Jacques Lusseyran, *Das Leben beginnt heute,* Stuttgart 1976.
2 Siehe Jacques Lusseyran, *Das wiedergefundene Licht,* München/Hamburg 1970.
3 A.a.O., S. 132.
4 *Matthäus* 18,3.
5 «Tractatus logico-philosophicus» 1 und 1.1, aus: *Geschichte der Philosophie mit Text und Darstellung – 20. Jahrhundert,* Stuttgart 1987, S. 292.
6 Siehe u.a. Gudrun Burkhard, *Das Leben in die Hand nehmen. Arbeit an der eigenen Biographie,* Stuttgart 1992.
7 Zur Vertiefung siehe u.a. Rudolf Steiner, *Theosophie – Einführung in übersinnliche Welterkenntnis und Menschenbestimmung,* insbesondere das Kapitel «Das Wesen des Menschen», GA 9. Für die Werke Rudolf Steiners, die hier zitiert werden, wird auf die jeweilige Nummer der Gesamtausgabe (= GA) hingewiesen, die vom Rudolf Steiner Verlag in Dornach/Schweiz herausgegeben wird.
8 Vgl. Anm. 7.
9 Novalis, *Werke und Briefe,* Spruch Nr. 246, «Über die geheime Welt», und Nr. 97, «Blütenstaub», München 1968.
10 Ebd., Spruch Nr. 143, «Noten an den Rand des Lebens».
11 Zitiert nach W. Zeylmans van Emmichoven, *Die Wirklichkeit, in der wir leben – Menschheitsentwicklung aus anthroposophischer Sicht»,* Frankfurt a.M. 1986, S. 20.
12 Viktor Frankl, ... *trotzdem Ja zum Leben sagen – Ein Psychologe erlebt das Konzentrationslager,* München 1993, S. 124 ff.

13 Zur Vertiefung der Freiheitsfrage im hier gemeinten Sinne siehe Rudolf Steiner, *Die Philosophie der Freiheit,* GA 4.

14 J. W. v. Goethe, *Faust I* – Nacht.

15 Ebd.

16 J. W. v. Goethe, *Daimon, Urworte orphisch,* Essen 2000, S. 448.

17 Vgl. Anm. 7.

18 Johann Peter Eckermann, *Gespräche mit Goethe,* Frankfurt a.M. 1981.

19 Max Planck im Vortrag «Religion und Naturwissenschaft», Leipzig 1947; Albert Einstein, *Mein Weltbild,* aus dem Kapitel «Die Religiosität der Forschung», Frankfurt a.M./Berlin/Wien 1984.

20 Zur Vertiefung siehe u.a. Anm. 7 und Rudolf Steiner, *Okkulte Untersuchungen über das Leben zwischen Tod und neuer Geburt,* GA 140. Zu empfehlen ist auch die kleine Schrift von Martin Burckhardt, *Die Erlebnisse nach dem Tod – der nachtodliche Weg des Menschen durch die übersinnliche Welt,* Dornach 1996.

21 Dora Baker, *Giovanni Pico della Mirandola,* Dornach 1983, S. 65 ff.

22 Aus dem Stichwort «Job» im Wahrig – *Deutsches Wörterbuch*, Gütersloh/München 2000.

23 Siehe u.a. Rudolf Steiner, *Wie erlangt man Erkenntnisse der höheren Welten?*, GA 10, GA 13, aber auch Anm. 7, das Kapitel «Der Pfad der Erkenntnis».

24 Kor. I, 14.

25 Siehe Anm. 12, S. 65 ff.

26 Siehe Anm. 9, Spruch Nr. 69, «Logologische Fragmente».

27 Anwar El Sadat, *Unterwegs zur Gerechtigkeit,* Wien/München/Zürich/Innsbruck 1981, S. 89 ff.

28 *Die Apokalypse des Johannes,* 21.

29 Ebd.

30 Siehe v.a. *Das Christentum als mystische Tatsache und die Mysterien des Altertums,* GA 8, und die Vortragszyklen zu den Evangelien, beispielsweise in GA 103, GA 104, GA 114, GA 123.

31 Siehe Anm. 2, S. 198 ff.

32 Siehe u.a. Therese Schulte, *Transzendentale Meditation und wohin sie führt,* Stuttgart 1981, und Friedrich Husemann, *Wege und Irrwege in die geistige Welt – Yoga, Autogenes Training,* Stuttgart 1974.

33 Siehe Anm. 23.

34 Vgl. Anm. 7.

35 Albert Steffen, *Pilgerfahrt zum Lebensbaum,* Schlusskapitel «Der Weg», Dornach 1982.

36 Vgl. Anm. 13, Dornach 1962, S. 169.

37 Rudolf Steiner, *Die Schwelle der geistigen Welt,* Kapitel «Von dem Vertrauen, das man zu dem Denken haben kann, und von dem Wesen der denkenden Seele. Vom Meditieren», GA 17.

38 Rudolf Steiner, *Wahrspruchworte,* GA 40, Dornach 1961, S. 158.

39 Siehe auch das Buch von Friedrich Rittelmeyer, *Meditation – zwölf Briefe über Selbsterziehung*, Stuttgart 1959.

40 Rudolf Steiner, *Anweisungen für eine esoterische Schulung,* GA 42/245, Dornach 1976, S. 81.

41 Siehe v.a. Rudolf Steiner, *Die Apokalypse des Johannes,* GA 104, und Rudolf Meyer, *Die Überwinder – apokalyptische Motive,* Stuttgart 1969.